AF126090

ANITA DJAFARI • MANFRED LOIMEIER (HG.)

Nehmen Sie den Weg nach Süden

P H
V

ANITA DJAFARI
MANFRED LOIMEIER (HG.)

Nehmen Sie
den Weg
nach Süden

Eine literarische
Reise durch Afrika

Peter Hammer Verlag

INHALT

VORBEMERKUNG

Das Jahr 1980 war ein besonderes Jahr. Zum ersten Mal in der Geschichte der Frankfurter Buchmesse galt der Themenschwerpunkt Europas dem Nachbarn Afrika – wenngleich nicht einem einzigen Land, sondern ganz allgemein »Schwarzafrika«. Aber immerhin, ein wichtiger Schritt zur Vermittlung von Literaturen aus Afrika war gemacht – und ist seitdem nicht wiederholt worden. Dabei wären die literarischen Landschaften etwa in Kamerun, Kenia, den Kongos, Nigeria, Senegal, Simbabwe, Südafrika, Sudan oder Tansania vermutlich lebhaft genug, um jeweils im Mittelpunkt zu stehen.

Dennoch: Als ein Ergebnis dieses Gastlandauftritts wurden nicht nur mehrere Buchreihen in verschiedenen Verlagen etabliert, sondern im Vorfeld der Messe wurde auch eine Gesellschaft gegründet, die sich heute Litprom nennt und damals den langen Namen »Gesellschaft zur Förderung der Literatur aus Afrika, Asien und Lateinamerika« trug. Das ist genau 40 Jahre her, und das Jubiläum ist ein schöner Anlass für diese Anthologie mit dem Titel »Nehmen Sie den Weg nach Süden«. Wir haben sie zusammengestellt, weniger um gleichsam in einer Art Leistungsschau einen Querschnitt zu geben, welche Vielfalt an Übersetzungen und Buchveröffentlichungen seither ermöglicht wurde, sondern auch um selbstkritisch zu fragen, ob nicht dem eigenen Engagement damals möglicherweise auch unpassende Bilder und unangemessene Erwartungen zugrunde lagen. Denn wer fördert, der steuert und selektiert auch, bestimmt die Wahrnehmung oder Nichtbeachtung in diesem Fall von literarischen Stimmen – samt den damit verbundenen Inhalten, Formen und Stilen.

Viel Prosa wurde veröffentlicht, und ab und zu auch ein Lyrikband. Insofern ist die Auswahl für diesen Band ehrlich. Das gilt auch für das Verhältnis zwischen den literarischen Sprachen, das sich aufgrund der Übersetzungen nicht auf den ersten Blick ersehen lässt – Englisch überwiegt, Französisch ist gut vertreten, Portugiesisch weniger. Und – diese Frage drängt sich auf – wie ist es mit Übersetzungen aus afrikanischen Sprachen? Das bleibt als Aufgabe für die Zukunft bestehen, denn auch das ist Absicht und Ziel dieser Anthologie: Leerstellen ausmachen und Möglichkeiten ins Auge fassen, wie diese gefüllt werden können.

Überhaupt das Thema Übersetzungen. Allein der berühmte Roman »Alles zerfällt« des nigerianischen Schriftstellers und Friedenspreisträgers des Deutschen Buchhandels, Chinua Achebe, ist seit den 1980er Jahren dreimal übersetzt worden. Und jede dieser Übersetzungen gibt Auskunft über die Zeit, in der sie in Auftrag gegeben wurde. So erzählen die Übersetzungen, auch in diesem Buch, eine eigene Geschichte auf ihrer eigenen Textebene und bezeugen die Macht der Interpreten, die zwischen Werk und Leserschaft stehen, so wie auch Lektoren und Rezensenten die Rezeption von Büchern lenken oder zumindest beeinflussen.

Nicht genau abgebildet ist das Verhältnis der Geschlechter, das für diesen Band paritätisch angestrebt wurde, dabei nicht die Wirklichkeit der geförderten Romane, aber doch die Realität auf den diversen Literaturmärkten wiedergibt. Dass gegenwärtig viele Autorinnen aus Nigeria auf dem deutschsprachigen Buchmarkt zu finden sind, hat nicht notwendig nur mit der literarischen Szene vor Ort zu tun, sondern könnte auch in Marketingaspekten begründet sein. Nicht abzubilden war zudem der historische Verlauf der Litprom-Förderungen, denn in den vergangenen 40 Jahren wurden weitaus mehr Buchpublikationen ermöglicht, als sich hier auch nur annähernd niederschlagen kann; deshalb wurden im übrigen auch einzelne Texte aufgenommen, die keiner Förderung bedurften, aber den literarischen Brückenschlag zwischen Europa und Afrika prägten. Und eine regionale Repräsentanz war ebenfalls angestrebt, um einen vielfältigeren Überblick zu geben.

Aus all diesen Überlegungen erklärt sich die Auswahl dieser Texte. Ngũgĩ wa Thiong'o aus Kenia, Träger des Erich-Maria-Remarque-Friedenspreises 2019 und Vordenker der ideologischen Dekolonisierung, ist ebenso ein Muss wie die großartige Mariama Bâ aus Senegal.

Nicht wenige Autorinnen und Autoren schildern Widerstandskämpfe, Unabhängigkeits- und Bürgerkriege, etwa Paulina Chiziane und Mia Couto aus Mosambik, Gilbert Gatore aus Ruanda, Jamal Mahjoub aus Sudan oder Maaza Mengiste aus Äthiopien. Den Alltag von Frauen schildern Ama Ata Aidoo aus Ghana, Bessie Head aus Botswana und Yewande Omotoso aus Südafrika. Und natürlich gibt es Texte, die sich nicht so eindeutig thematisch zuordnen lassen, sondern einfach gut geschrieben sind und von Familie und Partnerschaft, von Politik und Sehnsüchten und damit davon sprechen, was überall auf der Welt Menschen bewegt. Nathacha Appanah aus Mauritius zählt dazu – aus deren Roman »Blue Bay Palace« der titelgebende Satz für diese Anthologie stammt –, Sefi Atta aus Nigeria, Alain Mabanckou aus Kongo-Brazzaville und Yvonne A. Owuor aus Kenia. Skurriles oder Satirisches, Mythisches und Mystisches gehört auch dazu, zu finden in den Beispielen von José Eduardo Agualusa aus Angola, Lesley N. Arimah aus Nigeria,

Patrice Nganang aus Kamerun, Nii Ayikwei Parkes aus Ghana oder Abdourahman A. Waberi aus Dschibuti. Und dann noch die Gedichte von Koleka Putuma aus Südafrika, stellvertretend für Poesie und moderne Spoken Word Poetry, und schließlich die visuelle Prosa von Ivan Vladislavić, ebenfalls aus Südafrika. Selbstverständlich kann das alles die volle Bandbreite der Literaturen aus Afrika nicht wiedergeben, die im deutschsprachigen Raum gelesen werden, aber das soll diese Anthologie ja auch: Lust machen auf mehr, auf eigene Leseerfahrungen und das Bewusstsein schärfen dafür, was wohl noch alles der Lektüre entgegenharrt, wenn es gelänge, aus afrikanischen Sprachen wie Wolof oder Lingala, aus Swahili oder Zulu literarisch anspruchsvoll zu übersetzen, wenn es gelänge, für die Tradition der Yoruba-Oper in Nigeria ebenso zu werben wie für südafrikanische Musicals, für Epen der Bassa in Kamerun oder der Malinke in Mali.

Aber das ist Zukunftsmusik und vielleicht eine Aufforderung nicht nur an Litprom, sondern alle Institutionen und Initiativen, die sich mit Afrika und seinen Literaturen beschäftigen und dafür einsetzen. Der Wunsch und die Hoffnung mit dieser Anthologie richtet sich an die Leserinnen und Leser: Nehmen Sie auf Ihren Reisen im Kopf öfter den Weg nach Süden.

Anita Djafari und Manfred Loimeier

EINE ANDERE WELT

Nathacha Appanah / Mauritius

A m Abend bevor ich Dave kennenlernte, wurde ich sechzehn. Ich war ein gewöhnliches Mädchen, ich las *Gala* und *Paris-Match* in der Bibliothek, und ich träumte vom ersten Kuss. In diesem Jahr sang Céline Dion den Titelsong des Films *Titanic*, den ich dreimal in einer Videoraubkopie gesehen hatte, und ich konnte die Worte auswendig. Auf dem Meer standen die Touristen, oft bleich und schmerbäuchig, mit ausgebreiteten Armen am Bug der Jachten, um Leonardo DiCaprio nachzumachen. Einige tun es immer noch und brüllen in den Wind hinaus: »Ich bin der König der Welt.«

Bei jedem Geburtstag lädt mein Vater die Nachbarn ein und tut alles, um ihnen Eindruck zu machen. Unser Haus füllt sich mit Stimmenlärm und Gelächter, und die Männer beschließen den Abend betrunken. Nachher können sie sagen: Es gab zu trinken, wir haben uns volllaufen lassen, es war ein schönes Fest. Zu meinem sechzehnten Geburtstag hatte mein Vater ein Tortenbiskuit aus dem Hotel nach Hause gebracht, eine von einem Konditorkollegen heimlich gemachte Génoise. Das freute mich. Hier kauft man zum Geburtstag gewöhnlich im Laden um die Ecke ein Madrillé, eine Art Torte, die aus den Resten anderer Torten gemacht ist und einem für eine Woche den Magen zupflastert. Ich dagegen hatte zu meinem Sechzehnten Anrecht auf eine Génoise, die so windleicht und seidig war wie ein neuer, sorgfältig zusammengefalteter Sari und von der man nie genug bekam, so rasch verging sie einem im Mund. Mein Vater hatte auch rosa Garnelen stibitzt, zu Blumen zugeschnittene Tomaten und Früchte, die für mich exotisch sind: Pflaumen, Pfirsiche, Himbeeren. Was mein Vater getan hatte, war nichts Außergewöhnliches, die Angestellten langen in der großzügigen Fülle des Paradieses immer mal zu. Hier ein Baumwolleinstecktuch, da eine geblümte Tischdecke, dort ein paar Blumen und Zeitschriften. Das merkt ja doch niemand, sagen sie, es ist alles im Überfluss da. Wir haben getrunken und gegessen wie Reiche, wobei wir genau wussten, dass wir am nächsten Tag zu unserer Reisgrütze und unserem Stück getrockneten Fisch zurückkehren würden. So war das Leben in Blue Bay: heute eine Génoise, morgen salziger Fisch.

Am nächsten Morgen rüttelte meine Mutter mich ziemlich heftig wach und erinnerte mich daran, dass ich versprochen hatte, auf dem Jahrmarkt, der an diesem Morgen stattfand, den Stand des Frauenvereins von Blue Bay zu hüten.

Ich hatte absolut keine Lust hinzugehen. Es ist jedes Jahr dasselbe. Der Strand wimmelt von Leuten, das Meer wird zu einem großen, proppenvollen Schwimmbad, die Mädchen setzen sich in leichten Kleidchen in Szene, die Jungen beäugen sie hinter ihren gefälschten Ray-Ban-Brillen, der Eiscamion spuckt seine Technoversion von *Für Elise* aus, hinter der Dart-Spiel-Mauer reiben sich Paare aneinander, junge Rastas rauchen Gras unter dem Katappenbaum, und mit der Hitze entzünden sich die Geister, es endet in einer Prügelei, die Polizei kommt mit Knüppeln, Schreie, Flüche, ein wenig Blut, und am nächsten Morgen ist der Strand ein einziger Müllhaufen. Aber wie jedes Jahr, seit ich dreizehn bin, war dank meiner Mutter mein Name auf der Liste der Freiwilligen, und ich ging hin, die vier beigefarbenen Makramees, zwei nicht ganz weiße Tischdecken und ein paar rosa Häkelpuppen zu hüten.

Es war noch kaum elf Uhr, und vom Sand stieg eine schwüle Hitze auf. Die Leute kamen gruppenweise, Familien mit Kindern, aufgedrehte Jugendliche, Paare, die zu eng umschlungen waren, um legitim zu sein, und die hier ihre Amouren verstecken und sich ungestört begrapschen kamen, Touristen, die entzückt waren, endlich Leute von hier zu sehen, wie sie sagen. Die Luft war von Ausbackfett und dem Geruch fauler Algen übersättigt. Ich wollte nur eins: nach Hause gehen, diesem überrannten Strand den Rücken kehren, mich im Schatten verstecken und warten, bis es vorbei war. Natürlich war seit heute Morgen kein Mensch am Stand des Frauenvereins von Blue Bay stehengeblieben, und für den Rest des Tages machte ich mir keinerlei Illusionen.

Vor Hitze ganz erschlagen, schloss ich einen Augenblick, wirklich nur einen Augenblick, die Augen. Da spürte ich einen Schatten vor meinen geschlossenen Lidern. Ich machte die Augen wieder auf, da stand er vor mir, in Jeans und weißem Hemd, eine durch die Hitze hervorgerufene Fata Morgana, der Sohn eines Sonnenstrahls und des Sandes. Und in diesem blendenden Licht, in diesem Heidenlärm, der alles unter sich begrub, was ihm im Weg lag, habe ich mit den Augen geblinzelt. Als hätte ich gedacht, dass er nicht wirklich sei. Zu schön, um wahr zu sein.

Doch nein, er war wirklich da. Ich richtete mich mit einem Ruck gerade auf, ein Schweißtropfen rann mir hinterm Ohr hinunter. Er folgte einen Moment lang der Linie meines Unterkiefers, glitt den Hals entlang, um dann den Weg zwischen meine Brüste zu finden. Noch heute spüre ich sie, diese ursprüngliche Spur, die mich bis tief in meinen Bauch gezeichnet hat. Ich schaute den Jungen, der da vor mir stand, schweigend an, und alles, was ich spürte, war dieser Salztropfen, der mir das Ohr liebkoste, den Unterkiefer, den Hals, die straffe Haut zwischen den Brüsten und dann in meinem Bauchnabel versickerte. Ich hatte den dummen und doch so angenehmen Eindruck, es sei sein Finger, der langsam, langsam hinunterfuhr.

Dann bewegte er sich, die Sonne blendete mich, und der Zauber verflog. Er fragte mich, ob ich das alles gestrickt hätte, und ich antwortete sehr schnell: nein. Er sollte nicht glauben, ich strickte dieses grässliche Altweiberzeugs. Er lachte rückhaltlos heraus, als würde er mich seit Jahren kennen, und dann ging er. Ich setzte mich wieder hin mit dem Gefühl, ich habe einen Schlag hinter den Kopf erhalten. So habe ich Dave kennengelernt. Und wie mein Vater dreißig Jahre zuvor, vor der Frau seines Lebens, hatte ich mit den Augen geblinzelt.

Im Laufe dieser glühend heißen Stunden hatte ich nur eins im Sinn: ihn wiederzusehen. Gegen fünf Uhr stopfte ich meine Sachen in eine große Tasche, die ich Véronique, der Präsidentin des Frauenvereins von Blue Bay, überließ. Sie verkauft an jedem Jahrmarkt bunte Pareos und große Strandtücher, das bringt sicher mehr ein als die Makramees und irgendwelche rosa Häkelpuppen. Dann habe ich kreuz und quer den Markt abgeklappert. Er stand nicht in der ungeduldigen Schlange vor dem Eiscamion, auch nicht in jener beim Milchfrappéhändler. Besorgt schaute ich hinter der Dart-Spiel-Mauer nach, ob er nicht ein Mädchen betatschte, doch, Gott sei Dank, nein. Ich suchte ihn fieberhaft, getrieben von einer Art Ungeduld, die mir schmerzhaft den Bauch zusammenzog. Die Sonne begann zu sinken, und plötzlich erschien mir das alles unerträglich: die Hitze, der Lärm, die Leute, diese vergebliche Suche. Ich ging den Strand entlang in der Absicht, endlich nach Hause zu gehen, und in diesem Moment fand ich ihn wieder, ruhig auf dem weißen Stein am Strandeingang sitzend. Er lächelte mir zu, und während wir weitergingen, sagte er mir, er heiße Dave und wohne in Mahébourg. Ah, Mahébourg! Das ist nur eine knap-

pe halbe Stunde von Blue Bay entfernt, aber es ist eine andere
Welt. Eine große, von Geschäften gesäumte Avenue, blinkende
Restaurants in der Nacht, graugesichtige Prostituierte in Latex-
anzügen an den Straßenecken, Backsteinhäuser, die den Zyk-
lonen standhalten, Kinder, die in blau-weißen Uniformen zur
Schule gehen, artig und tadellos frisiert wie kleine Engländer.
Mahébourg ...

Noch heute erinnere ich mich, wie verlegen ich war. An mir
war alles unpassend an diesem Tag. Dieses grünliche Kleid, das
ich am Morgen aus Verdruss übergezogen hatte, um deutlich
zu verstehen zu geben, dass es mir gar nicht gefiel, Verkäuferin zu spielen, die abgelaufenen Latschen, die nachlässig zu-
sammengebundenen Haare. Und er, der aus Mahébourg kam,
für mich der Gipfel des guten Geschmacks! Er schlug mir vor,
mich nach Hause zu begleiten, ich lehnte ab, er bestand darauf.
Ich wollte nicht, dass er unser zwischen zwei rostigen Hütten
eingeklemmtes Haus sah, ich wollte nicht, dass er die elekt-
rischen Drähte sah, die über die Köpfe hinweglaufen und an
denen Drachen, Plastiksäcke und manchmal alte Kleider hän-
gengeblieben sind, von denen man nicht weiß, wie sie dorthin
gelangten.

Nie ist mir der Weg nach Hause so lang vorgekommen. Je
weiter wir uns vom Strand entfernten, desto mehr wurde der
Höllenkrach vom Jahrmarkt zum Stimmengewirr, dann zum
fernen Getöse. Nie habe ich mich so geschämt, hier zu woh-
nen. Ich suchte in Gedanken nach einem respektableren Weg,
aber abgesehen von der Abkürzung über das Feld, auf dem man
die Hunde begräbt, fand ich keinen. Der Staub schwebte in der
Luft, und als wir ins Dorf hineinkamen, schaute ich ihn verstohlen an. Ich rechnete mit einer Grimasse, einem Tick, mit
irgendetwas, was seinen Abscheu verriete, aber nein, er blieb
unbewegt.

Nie ist mir der Weg nach Hause so jämmerlich vorgekommen. Ich hoffte, dass er die von allerhand Abfall verstopften

Rinnsteine nicht bemerken würde und nicht die geplagten, wie Marionetten von Eisendrähten gehaltenen Kakteen, nicht die schlaff dahockenden Männer mit ihren von schlechtem Bier aufgedunsenen Bäuchen, nicht den Gestank nach Pisse, wenn man rechts ins erste Gässchen einbiegt. Ich betete, dass er sich nicht an den Flüchen der Frauen stieß, an der lauten Musik, die die Blechwände erzittern ließ, eine so anstößige Musik in diesem armen Viertel.

Endlich sah ich die Silhouette meines Vaters, der mich vor dem Haus erwartete. Ich wollte ihn loswerden, ich hatte genug von dieser Qual. Ich stand still, streckte brüsk die Hand aus und sagte sehr feierlich So. Wir sind da. Das ist mein Vater, dort drüben. Danke für die Begleitung. Doch da rief er, überrascht, mit lachenden Augen Kavi Hurry ist dein Vater?

Dann ging alles sehr schnell. Ich sah zu, wie mein Vater Dave herzlich die Hand drückte und ihn hereinhieß. Sie liessen mich da stehen, völlig baff, und ich hörte, wie mein Vater lautstark nach meiner Mutter rief: Savitri! He, Savitri! Komm, schau mal! Mein Chef ist hier!

Meine Mutter kam und zerrte mich mit ihren kleinen Schrittchen in die Küche, während sie vor sich hin murmelte Der Chef deines Vaters ist hier, müssen 'ne Flasche Coca aufmachen, nein, eine Flasche Pepsi, das ist besser, das prickelt mehr, ein Pepsi, hm, was meinst du, Maya? Ich meinte nicht viel, außer dass das Schicksal eine mysteriöse Sache ist.

Dann haben wir alle vier zu Abend gegessen, in der Küche zusammengedrängt, und Dave, dem Direktor der Paradies-Hotelrestaurants, zugehört, der von seiner Laufbahn als geliebter Sohn aus reichem Haus erzählte. Er warf mir flüchtige Blicke zu, und ich hatte das Gefühl zu ertrinken.

Aus: Blue Bay Palace
Aus dem Französischen von Yla M. von Dach.

DER ROBIN HOOD VON
POINTE-NOIRE

Alain Mabanckou / Kongo

Ich hatte mir von einem Schneider im Trois-Cents-Viertel einen grünen Anzug nähen lassen, für den eine solche Bestellung eher unüblich war. Ich trug sehr lange und spitze Schuhe, die ich bei Westafrikanern auf dem Grand Marché entdeckt hatte und die an mittelalterliche Schnabelschuhe erinnerten. Über meinem ebenfalls grünen Kapuzenumhang wippte eine Pfauenfeder, die ich dem großen Vogel ausgerissen hatte, der seltsamerweise in der Nähe meiner Hütte vorbeistolziert war, als sei er von bösen Geistern oder Leuten mit bösen Absichten gesandt worden, die wissen wollten, was in meinem Kopf vorging.

Nein, ich saß nicht zu Pferde, und ich besaß auch keinen Bogen wie Robin Hood. Ich wanderte vielmehr seit einer halben Stunde mit eiligem Schritt und einem Messer in der linken Hand die Tchinouka entlang und sagte mir immer wieder vor, dass Moses mit vierzig Jahren, also in meinem Alter, aus Empörung über das tagtägliche Elend seines Volks einen ägyptischen Vorarbeiter getötet hatte, weil dieser auf einen Hebräer losgegangen war …

Als auf der Klinge meines Messers die Sonnenstrahlen blitzten, hatte ich das Gefühl, mein Gedächtnis kehre endlich zurück, als hätte mir diese blanke Waffe geholfen, meine Identität wiederzuerlangen und die Ketten eines üblen Schicksals abzustreifen, das mir ein Vater vererbt hatte, den ich bis ans Ende meiner Tage nicht kennen würde.

Allein die Tatsache, dass ich ein Messer in den Händen hielt, zeigte unbestreitbar, dass ich zu den Bembe gehörte, jener Volksgruppe, die mit dem Messer so geschickt umgehen konnte wie Robin Hood mit seinem Bogen …

War ich stark genug, um der Robin Hood von Pointe-Noire zu sein, oder würde ich den Räubern meiner Epoche nur als jener Junge in Erinnerung bleiben, dessen glanzvollste Tat es war, den Zwillingen Songi-Songi und Tala-Tala in Loango Chilipulver ins Essen gekippt zu haben, bevor er ihr Gehilfe wurde? Das allein würde mir meinen Platz in der Nachwelt nicht sichern. Ich hielt mehr auf mich, und ich musste es beweisen …

*

Ich hatte das Messer am späten Vormittag im Laden des Marokkaners Ahmed XVI. beim Kassaï-Kreisel gekauft. Trotz der Verwirrung, die in meinem Kopf herrschte, empfand ich zum ersten Mal das wohltuende Vergnügen wiederkehrender Erinnerungen, auch wenn sie noch sporadisch waren. Es tat sich etwas in mir, denn ich erinnerte mich sogar daran, dass mir der marokkanische Händler bei der Wahl des Messers geholfen hatte und dass er aus Angst, ich könnte seinen Laden mit leeren Händen verlassen, ständig hinter mir stand wie ein Schatten um fünf nach zwölf.

»Warum zögerst du noch, mein Freund? Du bist ein prima Kerl, über den Preis werden wir uns einig, wir sind unter uns!

Willst du wirklich kein Jagdgewehr? Ich habe zwei hier, die fällen einen Elefanten und ...«

»Nein, ich möchte ein Messer.«

»Gut, dann wird dich das hier nicht enttäuschen! Ich, Ahmed XVI., Sohn von Ahmed XV., Enkel von Ahmed XIV. und so weiter, mache dir einen guten Preis, denn du bist mein afrikanischer Bruder, in unseren Adern fließt dasselbe Blut, und weil ich es deinem Land verdanke, dass ich meine kleine Familie ernähren und meinen Brüdern und Vettern ein wenig Geld schicken kann, die noch in meinem Heimatdorf im Südosten Marokkos, in Merzouga, leben. Dort haben wir als Kinder gelernt, im Sand zu spielen, uns in den Dünen zu verstecken und die Touristen, die Kameltouren unternahmen oder knapp einen Kilometer von unserem Dorf entfernt biwakierten, um etwas Geld anzubetteln!«

Er hatte dazu angesetzt, mir sein Leben zu erzählen. Um ihn zu unterbrechen, streichelte ich die Klinge des Messers, dann das Heft.

Die Augen des Händlers glänzten:

»Es gehört dir, mein Freund! Dieses Messer gehört dir! Beim Haupt meiner Mutter, ich werde nichts verdienen, einem Bruder zu geben, was er braucht, ist alles, was zählt. Das Messer ist aus rostfreiem Stahl und überdies ein Victorinox, ein hochgeschätztes Schweizer Fabrikat ... Sieh dir die Klinge an, sie kann die Luft zerschneiden! Und dann das Heft, meisterhaft! Du hast einen guten Blick, mein afrikanischer Bruder!«

Eigentlich war mir sein Geschwätz völlig egal, durch das er zu einem der gewieftesten Händler von Pointe-Noire geworden war, so durchtrieben, dass einige freiwillig keinen Fuß mehr in seinen Bazar setzten, denn selbst wenn man einwendete, man habe kein Geld, antwortete er:

»Wozu über Geld reden? Macht Ahmed XVI. dieses Geschäft etwa, um sich zu bereichern?«

Er überließ einem die Ware gegen Kredit, im Vertrauen

darauf, dass man eines Tages sowieso wieder in sein Geschäft zurückkehren würde.

Böse Zungen behaupteten, der Marokkaner habe seine nordafrikanische Zauberkunst mit zu uns gebracht, vor seinem Geschäft stehe ein magischer Spiegel, der einen verhexe, sobald man hineinblicke, und dazu bringe, egal was zu kaufen. Und dieser Spiegel müsse »gefüttert« werden. Im Klartext hieß das, der Marokkaner opferte alle sechs Monate einen Kunden, damit der Spiegel wirkte, und deshalb gab es vor seinem Geschäft, das an einer großen Kreuzung lag, an der ständig Fahrzeuge, die aus allen Ecken und Enden in die Stadt kamen, in einem höllischen Stau standen, jährlich zwei Verkehrsunfälle. Obwohl die Unfälle dem Händler angelastet wurden, wagte es niemand, ihn für die Kosten heranzuziehen, weil man befürchtete, er könne Rache nehmen und dann die Köpfe seiner Widersacher nach Marokko schicken. Wenn man in Pointe-Noire davon sprach, einen Kopf »nach Marokko« zu schicken, bedeutete dies, dass der Betreffende bald sterben würde. Die Bewohner von Pointe-Noire bezogen sich damit nämlich auf die Konservendosen »Made in Morocco«, in denen die Sardinen niemals Köpfe hatten. Was machten die Marokkaner mit diesen Köpfen? Niemand wird es je wissen, und Ahmed XVI. machte sich die Angst der Bevölkerung zunutze und drohte seinen Verleumdern:

»Wenn ihr mir weiterhin auf den Wecker fallt und wilde Geschichten über mich erzählt, schicke ich eure Köpfe nach Marokko!«

Da auch ich nicht wollte, dass man meinen Kopf nach Marokko schickte, widersetzte ich mich Ahmed XVI. nur zögerlich. Ich wollte mit einem Messer aus seinem Laden treten, gleichgültig ob es aus rostfreiem Stahl war oder nicht.

»Schneidet es auch richtig gut?«, fragte ich ihn.

Er musterte mich von Kopf bis Fuß:

»Mein Bruder, das hängt davon ab, welches Fleisch du

schneiden willst! Ich kann dir versichern, diese Inox-25-Zenti-
meter-Klinge wird dich nicht enttäuschen ...«

Ich warf zwei 10 000-CFA-Scheine auf seinen Tresen.

Der Händler sah gekränkt aus:

»Nicht doch, mein afrikanischer Bruder! Warum gibst du
mir das jetzt? Geh, benutze dein Messer, und wenn du damit
zufrieden bist, kommst du und zahlst es ... Warum bist du eigentlich so angezogen, ganz in Grün mit dieser Feder auf dem
Kopf?«

Aber ich war schon raus aus dem Laden und unterwegs
Richtung Tchinouka ...

Die Tchinouka teilt Pointe-Noire in zwei Hälften, sie bohrt sich
durch die hintersten Winkel der Stadt, bummelt kilometerlang
vom Rex-Viertel bis zum Saint-François-Viertel, fließt um den
Mongo-Kamba-Friedhof herum, als respektierte sie die Toten-
ruhe, bevor sie den Müll ins Meer spuckt, den die Bewohner
von Pointe-Noire in ihren Bauch kippen.

Dieser Fluss ist dafür bekannt, dass er gefährlicher ist als
der Atlantik. In der Regenzeit wird er so jähzornig, dass er ganze Steinhäuser verschluckt, die großen Busse der Verkehrsbe-
triebe von Pointe-Noire umkippt und die meisten Arterien des
Stadtgebiets unpassierbar macht, sodass die Leute über eine
Woche lang zu Hause bleiben.

Ich weiß nicht, wie oft ich am rechten Ufer entlangge-
wandert bin, bis ich endlich die kleine Brücke fand, die ins
Voungou-Viertel führt, den Ort, von dem ich überzeugt war,
mir würde dort endlich wieder das Glück zuteilwerden, ein
Mensch wie jeder andere zu sein, und zwar mit der Gewissheit, dass es dazu noch einer letzten Tat bedurfte, nämlich der,
jene Geister zu vertreiben, die sich so tief in meinen Körper
zurückgezogen hatten, dass sie mein Gedächtnis zerstörten,
und die ich auf dem Grund der Tchinouka versenken musste, damit sie für immer verschwanden, zum Ozean fortgespült

wurden, wo die Ahnfrau Nzinga sie für alle Zeit unschädlich machen würde …

Die Menschen, denen ich begegnete, wichen mir zuerst aus und ergriffen die Flucht, sobald sie entdeckten, dass meine Aufmachung etwas aus der Zeit gefallen war und ich ein Messer bei mir trug.

Ich war stolz darauf, dass ich die Leute mit einem Gegenstand in Angst und Schrecken versetzte, den jeder bei sich zu Hause hatte, wie es Doktor Lucien Kilahou formuliert hätte. Einige warfen sich in den Fluss, wenn ich, um sie noch mehr einzuschüchtern, mit dem Messer in die Luft stach.

Als der Tag zu Ende ging, richtete ich die Augen auf ein großes, hell erleuchtetes Gebäude und preschte vor, ohne nach links oder rechts zu sehen. Ich rückte meine Pfauenfeder zurecht, die bei jedem Windstoß drohte, von meiner Kapuze gerissen zu werden. Ich nahm mein Messer fest in die Hand, denn es sollte mir meine Würde zurückgeben.

Ich war nur noch wenige Hundert Meter von diesem prachtvollen Haus entfernt, dessen Mauern mich um meine Körpergröße überragten und vor dem zwei Wachen postiert waren, die wie Strommasten dastanden.

Die Erinnerung an das Waisenhaus in Loango schoss mir durch den Kopf, und ich dachte einen Augenblick lang, diese zwei Wachmänner seien Vieux Koukouba und Petit Vimba.

Ja, ich war nur noch hundert Meter von dem Anwesen entfernt, als ich ein schwarzes Auto mit verdunkelten Fensterscheiben kommen und vor dem Hauseingang anhalten sah. Einer der Wachmänner eilte hinzu, um dem Fahrer die Tür zu öffnen, und endlich sah ich den Mann aus nächster Nähe, der mir Mama Fiat 500 weggenommen hatte. Wie gewöhnlich wollte er der Bevölkerung von Pointe-Noire zeigen, dass er sein Auto allein fuhr, dass er keine Leibwache brauchte und dass er sich die beiden Wachleute vor seinem Anwesen, die übrigens nur mit Knüppeln bewaffnet waren, lediglich zur Sicherheit seiner Familie hatte aufzwingen lassen. Doch an jenem Abend sollte diese Demagogie an ihre Grenzen stoßen, denn ich würde all meine Kraft zusammennehmen und mich auf dieses Individuum stürzen, das ich mehr hasste als jeden anderen auf der Welt, mehr sogar als Dieudonné Ngoulmoumako.

Aus: Petit Piment
Aus dem Französischen von Holger Fock und Sabine Müller.

DIE FRAU AUS AMERIKA

Bessie Head / Botswana

Diese Frau aus Amerika heiratete einen Mann aus unserem Dorf, verließ ihr Land und kam hierher, um mit ihm zusammenzuleben. Sie schlug ein wie eine Lawine. Die Leute sind in zwei Lager gespalten. Die einen empfinden eine faszinierte Zuneigung, die anderen fürchten das Neue. Das Schreckliche ist, dass die, die sich fürchten, immer in der Mehrheit sind. Die Frau und ihr Mann und ihre Kinder müssen sich selbst genügen, weil sie alles anders machen als die Leute hier. Das Schrecklichste von allem ist die Tatsache, dass sie einander wirklich lieben und der Mann mühelos und natürlich nur Augen für seine Frau hat. Mit dieser Leistung ist er allen Männern hier um siebzig Jahre voraus.

Wir sind so sonderbare Leute hier im Süden Afrikas. Wir kennen alle Formen der Unterdrückung und sind unterwürfig. Uns fehlt die Vitalität, das Vorwärtsdrängen, das Zum-Teufel-damit-Temperament der Menschen im Norden Afrikas. Sie tun alles zuerst, wir folgen ihnen. Wir werden immer die Anhänger sein, nie die Initiatoren. Wir sind sehr materialistisch eingestellt, und ich glaube, das trägt zu unserer Furcht bei. Menschen, die Kleinigkeiten horten, können nichts rauswerfen und Raum schaffen, um somit den Fluss des Wohlstands in Bewegung zu halten. Im Grunde sind wir gemein, egoistisch. Wir fressen uns gegenseitig auf, und Gott sei dem armen Botswana am Ende gnädig.

In diese enge, begrenzte Welt traf dann die Frau aus Amerika ein. Manche hoffen immer noch, dass sie eines Tages wieder verschwinden wird, doch sie hat mit ihren ausholenden, festen Schritten die Wege im Dorf bereits ausgetreten. Sie mischt sich überall ein, denn sie ist eine Frau, entschlossen und unbeirrbar. Was die Sache noch komplizierter macht, ist, dass sie aus dem Westen Amerikas kommt, irgendwo in der Nähe Kaliforniens. Aus den Gesprächen schließe ich, dass die Menschen aus dem Westen merkwürdiger sind als die meisten Menschen. Sie müssen die seltsam selbstbewusstesten Menschen auf der Welt sein; zumindest ist diese Frau aus dem Westen der seltsam selbstbewussteste Mensch, den ich je gesehen habe. Alle Gegenströmungen der Erde scheinen sich in ihr zu treffen und sich zu einer erstaunlichen Harmonie zu vermischen. Sie besteht aus einer großen Prise Afrika, einer Prise Deutschland, ein wenig Cherokee und der Himmel weiß, was sonst. Ihre Füße sind groß, und ihr Körper ist lang und aufrecht und stark wie ein Bergbaum. Ihr Hals streckt sich nach oben, und ihre dichten, schwarzen Haare wirbeln an ihrem Rücken herunter wie ein wild peitschender Strom. Ihre Augen aber verstehe ich nicht, nur dass sie groß, schwarz und erstaunt aussehen wie die einer freien Antilope, die dem Wind entgegenrennt. Oft legt sich der Schatten eines tiefen, grübelnden Blicks über sie.

Ich brauchte eine Menge Mut, um mich mit einer solchen Frau anzufreunden. Wie alle anderen hier bin ich zaghaft und schüchtern. Die Autorität, alles schüchtert mich ein. Nicht, weil ich es so mag, sondern weil die Autorität mit dem Gewicht der Jahrhunderte das Leben erdrückt. Es ist schrecklich, sich

dann mit einer Frau zu befreunden, die die Autorität nieder-
brüllt. Ihre lautstarken Auseinandersetzungen mit der Autorität sind der Schreck und die Sensation des Dorfes. So weit sind
wir gekommen. Entweder ist die Frau unvernünftig, oder die
Autorität ist unvernünftig, und alle würden insgeheim gern zugeben, dass die Autoritäten unvernünftig sind. Tatsächlich aber
lautet die Regel: Wenn die Autorität dich nicht leiden kann,
bist du der Außenseiter, und die Menschen haben mit dir nur
am Rande zu tun. Versuche also immer, der Autorität zu gefallen, um des Friedens willen.

Es war jedoch unvermeidlich, dass diese Frau und ich Freundinnen wurden. Mich quält eine überwältigende Neugier, die
ich nicht beherrschen kann. Fast einen Monat lang ging ich an
ihrem Haus vorbei, aber man überfällt die Leute nicht einfach
so. Dann bekam ihr Hund eines Tages Junge, und mein kleiner Sohn rannte auf ihren Hof hinter einem der kleinen Hunde
her, und ich rannte hinter ihm her. Dann wurde ihm ein Hund
geschenkt, und man musste sich über das Hündchen unterhalten und über die Hitze der Wüste und den Zustand der Welt,
und das Ergebnis meiner Neugier ist eine Wohlstandslawine in
meinem Leben. Meine kleine Hütte steckt voller kurzer Mit-
teilungen, die in einer weiten, krakeligen Handschrift geschrieben wurden. Ich hebe sie alle auf, denn sie sind ein Ausdruck
menschlicher Großzügigkeit und des lauten, unbeschwerten
Lachens einer Frau, die ebenso viel zu tun hat wie alle anderen
Frauen auf der Welt mit Dingen, mit denen sich Frauen immer
beschäftigen – einem Mann, Kindern, einem Heim. Etwa so:

Hast du eine Zwiebel für mich? Es ist sehr still hier heute Morgen, und ich bin ganz erschöpft, nachdem ich den Hof
sauber gemacht und gefegt, die Decken geschüttelt, gekocht,
Wasser geholt und die Kinder gebadet habe, und ich muss noch
den Boden im Haus fegen, das Geschirr spülen und mich selbst
baden – es hört nie auf!

Oder so: Kannst du mir, nur bis morgen, eine Zwiebel

leihen? Wenn ja, wär ich dir dankbar. Ich versuche, etwas mit diesen fürchterlichen Bohnen anzufangen, habe aber keine Gewürze oder Kräuter mehr. Eine Nachbarin hat uns gestern Abend Spinat gebracht, wir sind also im grünen Bereich. Ich muss heute einen Berg Wäsche waschen und bügeln.

Oder: Ich schicke die Kinder zu dir, brauche zehn Minuten Ruhe, um mein Gleichgewicht wiederzufinden. Sieht aus, als könnte es später regnen. Schick sie bitte sofort zurück, damit sie nicht draußen davon überrascht werden. Hast du was zu lesen bei dir? Ich könnte leichte Unterhaltung gebrauchen.

Und, sehr typisch: Was für ein hektischer Morgen! Erst schrieb ich in aller Eile ein paar Briefe, um sie dir herüberzuschicken, damit du sie für mich bei der Post einsteckst. Dann fing es leicht zu regnen an, und ich erinnerte mich, dass du keinen Regenmantel hast, also wollte ich selbst rüberflitzen mit den Briefen und dem Postfachschlüssel. Als ich gerade vor die Tür trat, bekam ich Besuch, und der löste das Briefproblem, aber ich weiß immer noch nicht, ob Post für mich angekommen ist. Ich habe meinen PF-Schlüssel verloren! Ist er den Kindern vielleicht aus der Tasche gefallen, mit der sie gestern bei dir spielten?

Oder: mein Sohn hat wieder einmal Husten, und ich rechne, wie immer, mit dem Schlimmsten:

Was soll das, Keuchhusten? Wer hat diese Diagnose gestellt? Sagtest du nicht, er hätte alle Spritzen und Impfungen bekommen? DPT braucht erst wiederholt zu werden, wenn er fünf Jahre alt ist. Diphteria-Pertussis (Keuchhusten)-Tetanus ist eine der zuverlässigsten Impfungen, glaub mir, meine drei und ich hatten raue und trockene Husten, und es war ganz bestimmt kein Keuchhusten. Lass dich von Dr. Spock hier beruhigen!

Manchmal werden die Gespräche auch ganz wirr, und die afrikanische Nacht kriecht heran, und die Kerzen sind nicht angezündet worden, und das Gespräch wird noch wirrer, intensiv; und die Kinder schlafen auf dem Boden ein, von allem benommen. Am nächsten Tag wird mir, höchst verärgert, ein Buch vor die Füße geworfen! »Das ist C. P. Snow. Lies das, verdammt! Und vertreibt ein wenig von dem Nebel in eurem Schädel.«

Verwirrt bin ich auch von Mister C. P. Snow. Wo fange ich in dieser Welt aus Lehmhütten an, die Nutzen der Elektronik für die Industrie, atomare Energie und Automatisierung zu verstehen? Was ist eine Werkzeugmaschine? fragt er. Was sind die Zwei Kulturen und die Wissenschaftliche Revolution? Seine Argumente klingen kurios für eine Frau, die nicht einmal auf einem Kulturbein steht. Und doch wieder nicht, denn sogar in einem Buschdorf in Afrika beginnt man, das Ziehen und Zerren am Spinnennetz des Lebens wahrzunehmen. Könnte Mister Snow oder sonst jemand mir bitte schriftlich erklären, was eine Werkzeugmaschine ist? Ich wüsste es gern. Meine Adresse lautet: Serowe, Bechuanaland, Afrika.

Das Problem mit der Frau aus Amerika ist, dass die Menschen sich lieber von ihr fernhalten, denn sie ahnen, dass ihre Welt erschreckend anders ist als ihre eigene. Doch sie ist ein neuer Typ Amerikanerin und wird wahrscheinlich sogar ein neuer Typ Afrikanerin werden. Es gibt hier niemanden, der sie nicht bewundert – um eine Welt mit Hähnchen, Hamburger, Fernsehen, Rolltreppen und sonst was zu verlassen und in eine Lehmhütte auf dem Dorf zu ziehen, zu einem so harten Leben, wo man sich nicht mehr als gemahlene Hirse und gekochtes Fleisch leisten kann. Manchmal kann man sich nicht einmal das leisten. Jeden Eimer Wasser musst du dir aus meilenweiter Entfernung holen und ihn auf dem Kopf nach Hause tragen. Und das alles mit einem laut schallenden und einladenden Lachen tun!

Afrika bedeutet den schwarzen Menschen in Amerika viel, und sie ist freiwillig hergekommen, um dieser Liebe und Zuneigung Ausdruck zu geben. Sie sorgt dafür, dass wir nur noch staunen über ein Land, das Menschen hervorbringt, die, von außen wie innen, vom Wind der Freiheit bewegt werden. Eines aber muss ich klar sagen. Sie ist anders, denn sie nahm sich beharrlich das, was Amerika schwarzen Menschen nicht geben will. Vor einiger Zeit waren welche bei uns, die vom Außenministerium hergeschickt wurden. Sie waren zwar sehr aufgeschlossen und fröhlich, auf unschuldige Fragen aber antworteten sie stets: »Wir können nicht über die Regierung sprechen. Das ist Politik. Wir reden nicht über Politik.« Warum kamen sie her, wenn sie solche Angst haben vor dem, was die amerikanische Regierung davon hält, was sie in Afrika denken oder sagen? Warum haben sie solche Angst? Für sie lebt Afrika nicht. Das scheint mir eine Geldverschwendung aufseiten des Außenministeriums zu sein. Es kommt mir merkwürdig vor, dass Leute zu Partnerschaftsprojekten geschickt werden, die solche Angst haben und vor dem geringsten Schatten davonlaufen. Warum haben sie solche Angst vor der Regierung Amerikas, einer freien und demokratischen Regierung? Hier haben alle Angst vor der Autorität, und keiner gibt etwas anderes vor. Die schwarzen Menschen, die vom Außenministerium hergeschickt werden, sind in eine tiefe und beschämende Scheinheiligkeit verwickelt. Das ist ein Jammer, denn es wirkt sich destruktiv auf sie aus und verletzt uns.

Die Frau aus Amerika liebt beides, Afrika und Amerika, unabhängig voneinander. Sie nimmt sich von beiden, was sie will, und sagt: »Verdammt!« Es ist nicht leicht, das zu tun.

Aus: Orangen und Zitronen
Aus dem Englischen von Hilde Schruff

EINE OPTISCHE TÄUSCHUNG

Mia Couto / Mosambik

Ich will eine Genehmigung zum Schlafen
Die Erlaubnis, Stunden am Stück zu ruhen
Ohne zumindest das leichte Stroh
Eines kurzen Traumes zu träumen.

Ich will, was vor dem Leben
Der tiefe Schlaf der Arten war
Die Gnade eines Zustands.
Saatkorn.
Weit mehr als Wurzeln.

Adélia Prado

Den größten Teil unseres Lebens leben wir nicht wirklich. Wir vergeuden unser Leben in ausgedehnter Lethargie, die wir, um uns selbst zu trösten und zu täuschen, Dasein nennen. In der restlichen Zeit irrlichtern wir, leuchten nur für kurze Momente auf.

Durch einen solchen kurzen Moment kann ein ganzes Leben an einem einzigen Tag umgekrempelt werden. Für mich, Mwanito, war das dieser Tag. Es fing am Morgen an, als ich aus dem Haus ging und mich in den stürmischen Wind wagte, der überall Staubwolken aufwirbelte. Sie drehten sich in eigenwilligen Tänzen, dann lösten sie sich genauso gespenstisch auf, wie sie entstanden waren. Die Kronen der großen Bäume fegten über den Erdboden, während schwere Äste abbrachen und krachend barsten.

»Keiner geht raus und läuft da herum … «

Das war der Befehl meines Vaters, der aus dem Fenster seines Schlafzimmers gequält in das Unwetter und die Sturmböen blickte. Nichts verstörte Silvestre Vitalicio mehr als sich biegende Bäume, deren Geäst sich wie Luftschlangen windet.

Entgegen der väterlichen Anweisung begab ich mich auf die Wege, die unsere Räume mit dem Herrenhaus verbanden. Und schon bald bereute ich es. Der Sturm war wie ein Aufstand aller vier Himmelsrichtungen. Ein kalter Schauer durchlief mich innerlich: Sollten die Ängste meines Alten begründet sein? Was geschah hier? War der Erdboden es müde, ebenerdig zu sein? Oder kündigte Gott seinen Besuch in Jesusalem an?

Die linke Hand schützend vor dem Gesicht, die rechte fest um die beiden Revers der alten Jacke, so ging ich den Weg entlang, bis ich vor dem Geisterhaus stehen blieb. Eine ganze Weile verharrte ich dort und horchte auf das Pfeifen des Windes. Sein Heulen tröstete mich: Ich war eine Waise, und der Wind klagte wie jemand, der seine verlorenen Angehörigen sucht.

Auch wenn es ungemütlich war, genoss ich den Ungehorsam wie eine Rache an Silvestre Vitalicio. Im Grunde wünschte ich mir, der Sturm würde noch stärker, um den Irrsinn unseres Erzeugers zu strafen. Ich bekam Lust, zurückzugehen und dem alten Vitalicio vor dem Fenster ins Gesicht zu sehen, von dem aus er den kosmischen Aufruhr beobachtete.

Die Windböen waren unterdessen noch wütender geworden. So wütend, dass die Vordertür des Herrenhauses von allein aufgesprungen war. Für mich war das ein Zeichen: Eine unsichtbare Hand forderte mich auf, die verbotene Linie zu übertreten. Ich stieg die Stufen vor der Hausfront hinauf und warf einen Blick auf die Veranda, wo Hunderte von Blättern in irrwitzigem Tanz Pirouetten drehten.

Plötzlich sah ich den Körper. Auf dem Boden lag ein menschlicher Körper. Von einem Strudel in meinem Innern wurde mir schwindlig. Ich riss die Augen auf, um den ersten Eindruck bestätigt zu sehen. Doch ein Meer aus Laub verdeckte die Sicht. Die Beine zitterten mir, rührten sich nicht vom Fleck. Bestimmt hatte ich mich getäuscht, es war nur ein Trugbild gewesen. Wieder eine Windbö, neuerliches Wirbeln des toten Laubs, und der Anblick zeigte sich abermals, nun deutlicher und echter. Der Körper lag tatsächlich dort auf der Veranda.

Ich rannte los, schrie wie ein Besessener. Der Wind, der mir entgegenblies, verschluckte meine Schreie, und erst als ich atemlos in unser Haus kam, waren meine Ängste zu verstehen:

»Ein Mensch! Ein toter Mensch!«

Silvestre und Ntunzi reparierten gerade den Griff einer Hacke und hielten in ihrer Arbeit nicht inne. Mein Bruder blickte matt auf:

»Ein Mensch?«

Wild durcheinander nannte ich Einzelheiten über die Erscheinung. Mein Vater blieb unbeeindruckt und bemerkte leise:

»Dieser verdammte Wind!«

Dann legte er den Hammer weg und fragte:

»Was war mit seiner Zunge?«

»Mit seiner Zunge?«

»Hing sie ihm aus dem Mund?«

»Vater, das war ein Toter, er lag weit weg. Ich habe weder den Mund noch die Zunge gesehen.«

Ich suchte Ntunzis Unterstützung, doch der sagte kein Wort. Da ich aber so überzeugt war, gab mein Vater den Befehl:

»Holt mir Zacaria.«

Ntunzi lief hinaus. Kurz darauf kam er mit dem Soldaten zurück, der wie immer das Gewehr trug. Mit kurzen, knappen Worten sorgte mein Vater für Bewegung:

»Geh nachsehen, was sich da tut ...«

Zacaria stand stramm, knallte die Absätze zusammen, gehorchte aber nicht sofort. Er machte eine Pause für die nötige Genehmigung:

»Darf ich sprechen?«

»Sprich.«

»Mwanito hat wohl nicht die wahre Wirklichkeit gesehen. Das war eine optische Täuschung.«

»Vielleicht, ja«, räumte Silvestre ein. »Aber es kann auch sein, dass es einer von den früheren Toten aus dem Haus ist. Irgendein Tier hat den Körper auf die Veranda geschleppt.«

»Das kann sein. Letzte Nacht sind Hyänen hier herumgeschlichen.«

»Wenn es so ist, dann begrabt ihn. Begrabt den Toten, aber nicht unter einem Baum.«

»Willst du denn nicht wissen, wer er ist?«

»Der Tote kann keiner sein. Macht euch an die Arbeit, wenn der Wind nachlässt, komme ich dazu ...«

»Vielleicht hat er hier, in Jesusalem, gelebt, und wir wussten das nicht«, mutmaßte Ntunzi überraschend kühn.

»Bist du verrückt? Wenn da wirklich ein Körper liegt, dann ist es keiner, der gestorben ist. Das ist einer, der schon immer tot war, schon so geboren ist, ohne Leben.«

»Entschuldige, Vater, aber für mich ...«

»Schluss jetzt! Ich will nichts mehr hören. Ihr geht jetzt das Grab schaufeln, und der Körper da, oder was es sonst ist, kommt unter die Erde.«

Ntunzi, Zacaria und ich gingen im Gänsemarsch los, wie ein vorweggenommener Trauerzug. Wir hörten noch Silvestres Stimme, der abermals seinen Beschluss verkündete:

»Nachher, wenn der Wind aufhört, sehe ich mir das an.«

Der Soldat ging vor uns, in jeder Hand eine Schaufel. Wir stiegen Schritt für Schritt die Stufen zum Herrenhaus hinauf, und zu meiner Erleichterung bestätigte sich, was ich gesehen hatte. Halb bedeckt vom Laub, lag die Leiche im Gegenlicht. Eine geheime Kraft hielt uns zurück, bis Kalash flüsterte:

»Ich gehe hin!«

»Nein, geh nicht, Zaca!«, warnte ihn Ntunzi.

»Warum nicht?«

»Dieses Licht gefällt mir nicht.«

Er wies auf den Streif Sonnenlicht, der zwischen den Bohlen hereinfiel.

Zacaria setzte sich auf die Stufen am Eingang und zog die Luft schnuppernd ein, als suchte er einen verdächtigen Geruch.

»Es riecht hier nicht nach Tod«, sagte er mit einer Grabesstimme, dass es uns schauderte.

Wieder blickten wir auf die Veranda und versuchten, uns nicht vom Licht ablenken zu lassen, das aus dem Hintergrund kam.

»Es ist ein Mann«, versicherte der Soldat.

Der Leichnam lag rücklings auf dem Holzboden, als wäre dieser schon ein Sarg. Das Gesicht war nicht zu sehen, es war zur anderen Seite gedreht. Eine Art Tuch, hinten gebunden, bedeckte den Kopf.

»Wahrscheinlich ein ausländischer Schwarzer«, sagte Zaca.

»Woher weißt du das?«

Der Körper schmiegte sich nicht an den Boden, so wie es einheimische Leichen tun. Diese Knochen suchten nicht in der Erde einen neuen Mutterleib. Aber da waren natürlich die Stiefel. Solche hatte Zacaria noch nie gesehen.

»Jetzt sieht er mir eher nach einem Weißen aus«, stellte Zaca fest, den Blick immer noch auf den Leichnam gerichtet. »Ich glaube, seine Seele löst sich schon aus der Hülle.«

Und er wies uns an, zuerst das Grab zu schaufeln. Wenn es

fertig wäre, würden wir zurückkommen und den Toten holen. In der Zwischenzeit hätte sich das Licht auf der Veranda verändert und wir wären vor den bösen Geistern geschützt.

So fingen wir an zu graben, die Schaufeln schufen die letzte Ruhestätte des Fremden. Doch dann geschah Folgendes: Die Grube wurde niemals fertig. Sowie wir den Boden unten erreichten, schüttete der vom Wind getriebene Sand das Grab wieder ganz zu. Und das geschah einmal, zweimal und dreimal. Und beim dritten Mal schleuderte Zacaria die Schaufel auf die Erde, als hätte ihn eine Wespe gestochen, und rief:

»Das gefällt mir nicht. Jungs, kommt her, schnell.«

Und er trieb uns in den Schatten eines Mafurrabaums. Dann zog er ein weißes Stück Stoff aus der Tasche und band es um den Stamm. Die Hände zitterten ihm so sehr, dass Ntunzi es aussprach:

»Ich weiß, woran du denkst, Zaca. Ich habe dasselbe Gefühl.«

Und zu mir gewandt, sagte er:

»Genau das ist bei der Beerdigung unserer Mutter passiert.«

»Es ist derselbe Zauber«, fügte Zacaria hinzu.

Und dann erzählten sie mir, was an dem Tag geschehen war, als meine Mutter beerdigt werden sollte. »Beerdigen«, das sagt man so. Genau genommen gibt es nie genug Erde, um eine Mutter zu beerdigen.

»Ich will keinen Totengräber.«

Das hatte Silvestre verlangt, laut geschrien, damit er den Sturm übertönte. Der Staub flog ihm in die Augen. Trotzdem blinzelte er nicht. Die Tränen schützten ihn vor dem Staub.

»Ich will keinen Totengräber. Mein Sohn und ich, wir graben das Grab, wir sorgen für das Begräbnis.«

Doch das angefangene Grab wurde nie fertig. Mein Vater und Ntunzi versuchten es mehrmals, vergeblich. Kaum hatten sie ein Loch gegraben, wurde es mit Sand zugeschüttet. Kalash und Aproximado kamen dazu, dasselbe Ergebnis. Der vom tosenden Sturm getriebene Sand schüttete die Grube wieder zu. Die richtigen Totengräber mussten die Arbeit beenden, das Grab ausheben und wieder schließen.

Nun, acht Jahre später, weigerte sich die Erde abermals, ihren Leib zu öffnen und einen Leichnam aufzunehmen.

»Nicht reden!«, befahl Zacaria Kalash. »Ich höre Geräusche.«

Ganz behutsam näherte er sich der Veranda. Er lugte zwischen den Bohlen hindurch, dann drehte er sich staunend zu uns um. Wo vorher die Leiche gelegen hatte, befand sich nichts mehr.

»Der Tote ist nicht mehr da, er ist nirgendwo«, flüsterte Zacaria.

Der Wind hatte nachgelassen. Trotzdem wirbelten noch trockene Blätter herum und unterstrichen die Leere.

»Ich hole eine Waffe«, sagte Zaca. Und er lief die Pfade entlang.

Nach und nach stellte sich eine andere Stimmung bei mir ein, der Schreck wandelte sich zu tiefer Ruhe. Ich sah Ntunzi an, der wie Espenlaub zitterte, und zu seinem Erstaunen ging ich entschlossen auf das Herrenhaus zu.

»Bist du verrückt, Mwanito? Wo willst du hin?«

Schweigend stieg ich die Stufen zur Veranda hinauf und trat vorsichtig auf die alten Bretter, damit der Boden nicht nachgab und ich einbrach und womöglich zu dem verschwundenen Toten hinunterstürzte. Ich suchte die ganze Veranda nach einer Spur ab, dann beschloss ich, an die Haustür zu klopfen. Mein Bruder fragte mit zitternder Stimme:

»Erwartest du, dass der Tote dir die Tür aufmachen kommt?«

»Nicht so laut.«

»Du bist verrückt, Mwanito. Ich hole Vater«, sagte Ntunzi, drehte sich um und lief rasch davon.

Ich blieb zurück, allein vor dem Abgrund. Langsam öffnete ich die Haustür und äugte in die Eingangshalle. Es war ein großer, leerer Raum, es roch nach abgestandener Luft. Während ich mich an das Halbdunkel gewöhnte, dachte ich: Wie konnte es sein, dass ich in so vielen Kindheitsjahren nie neugierig auf diesen verbotenen Ort gewesen war? Die Erklärung lag darin, dass ich meine Kindheit nie gelebt hatte, mein Vater hatte mich von Geburt an alt gemacht.

Da kam es zu der Erscheinung: Aus dem Nichts tauchte die Frau auf. Vor meinen Füßen öffnete sich ein Spalt, und eine Rauchschwade nebelte mich ein. Der Anblick der Gestalt hatte zur Folge, dass die Welt plötzlich ihre Grenzen sprengte, die ich so gut kannte.

Verstohlen, unter halb geschlossenen Lidern, betrachtete ich die Fremde. Sie war weiß, groß und wie ein Mann gekleidet, in Hosen, Hemd und hohen Stiefeln. Sie hatte glattes Haar, halb unter einem Kopftuch verborgen, demselben Tuch, das wir auf dem Kopf des vermeintlichen Toten gesehen hatten. Auch die Stiefel waren die gleichen. Nase und Lippen hoben sich kaum ab, und in Verbindung mit dem Farbton ihrer Haut sah sie aus, als wäre sie dem Grab entstiegen.

Ich wollte weglaufen, doch meine Beine waren uralte Wurzeln. Ohne den Kopf zu bewegen, ließ ich den Blick hilfesuchend über das verschwommene Draußen schweifen. Nichts. Weder Ntunzi noch Zacaria waren zu sehen, nur ein Nebeldunst lag über der Umgebung. Ich war benommen, ich spürte eine Träne, schwerer als mein ganzer Körper. Da vernahm ich die ersten Worte der Frau.

»Du weinst?«

Energisch schüttelte ich den Kopf. Ein Eingeständnis meiner Schwäche, so dachte ich, könnte die Erscheinung in ihren teuflischen Absichten nur noch ermutigen.

»Was suchst du, mein Junge?«

»Ich? Nichts.«

Hatte ich gesprochen? Oder waren die Wörter, von mir unbemerkt, aus mir herausgekommen? Denn ich stand vollkommen hilflos da, mit bloßen Füßen auf glühend heißem Boden. Unvermittelt wusste ich nicht mehr, was leben heißt, das Leben hatte sich in eine unbekannte Sprache verwandelt.

»Was ist, hast du Angst vor mir?«

Die sanfte, zarte Stimme machte meinen unwirklichen Zustand nur noch schlimmer. Ich strich mir mit der Hand über die Augen, wischte die Tränen fort, und dann hob ich langsam das Gesicht, um die Erscheinung zu betrachten. Doch immer noch verstohlen, aus Angst, der Anblick könnte mir für alle Zeit die Augen ausreißen.

»Warst du es, der vorhin auf dem Hof eine Grube geschaufelt hat?«

»Ja. Zusammen mit andern. Wir waren viele.«

»Ich habe Stimmen gehört und nachgesehen. Wofür hast du die Grube geschaufelt?«

»Für niemanden. Ich meine, nur so.«

Mein Blick richtete sich wieder auf die Veranda, ich wollte unbedingt herausbekommen, was mit der Leiche geschehen war. Auf dem Boden gab es keine Anzeichen dafür, dass man sie weggeschleift hätte, das Laub lag ohne Spuren herum. Die Fremde ging an mir vorbei, zum ersten Mal spürte ich den süßen weiblichen Duft. Und sie bewegte sich zum Ausgang hin. Ich achtete genau darauf, wie sie sich bewegte, anmutig, doch ohne die lächerlichen Verrenkungen, mit denen Ntunzi die weiblichen Geschöpfe dargestellt hatte.

»Entschuldigen Sie, sind Sie wirklich eine Frau?«

Die Fremde hob den Blick, von uraltem Schmerz verwundet. Sie verharrte eine Weile, schüttelte eine Traurigkeit ab und fragte:

»Warum? Sehe ich nicht so aus?«

»Das weiß ich nicht. Ich habe noch nie eine Frau gesehen.«

Sie war die erste Frau, und sie zog mir den Boden unter den

Füßen weg. Jahre vergingen, ich hatte große und kleine Lieben, und immer wenn ich eine Frau liebte, verlor ich wieder den festen Halt. Diese erste Begegnung grub die geheimnisvolle Macht der Frauen tief in mich ein.

Als ich spürte, dass meine Kräfte zurückkehrten, lief ich davon wie eine Gazelle durch den Busch. Die weiße Frau sah mir neugierig hinterher. Ich blickte mich noch einmal um, in der Hoffnung, sie hätte sich in Luft aufgelöst, weil ich wünschte, es sei alles nur eine Wahnvorstellung gewesen.

Nachdem ich im Haus in Sicherheit war, klopfte mir das Herz in der ganzen Brust, sodass ich kaum ein Wort herausbrachte, als ich Ntunzi begegnete:

»Ntunzi, du ... du wirst es nicht glauben.«

»Ich habe es gesehen«, sagte er, ebenso aufgeregt wie ich.

»Was hast du gesehen?«

»Die weiße Frau.«

»Wirklich?«

»Wir dürfen unserem Vater nichts erzählen.«

*

In dieser Nacht besuchte mich meine Mutter. Sie erschien mir im Traum, noch ohne Gesicht, aber schon mit einer Stimme. Und es war die Stimme der Erscheinung, mit ihren reizvollen, lieblichen Klängen. Ich schreckte aus dem Schlaf hoch, so real war der Traum. Im Zimmer waren Schritte zu hören – Ntunzi konnte nicht schlafen. Auch er hatte nächtliche Heimsuchungen gehabt.

»Ntunzinho, sag mal, sah unsere Mutter so ähnlich aus?«

»Nein.«

»Warum kannst du nicht schlafen, Ntunzi?«

»Ich hatte schlechte Träume.«

»Hast du auch von Mama geträumt?«

»Erinnerst du dich an die Geschichte von dem Mädchen, die ihr Gesicht verlor, als ich mich in sie verliebte?«

41

»Ja. Und was ist damit?«

»Im Traum ist mir ihr Gesicht erschienen.«

Stimmen von draußen ließen uns verstummen. Wir liefen zum Fenster. Es war Zacaria, der mit unserem Vater sprach. Seinen Handbewegungen nach zu urteilen, berichtete er von der Erscheinung. Wir blieben am Fenster stehen und sahen zu, wie der untergebene Zacaria lebhaft gestikulierend beschrieb, was im Geisterhaus geschehen war. Die Miene meines Vaters verzog sich bestürzt – jemand war zu uns gekommen, in Jesusalem bebten Himmel und Erde.

Auf einmal stand Silvestre auf und verschwand im Dunkeln. Wir folgten ihm in einigem Abstand, wollten unbedingt erfahren, was sich im Kopf dieses Mannes abspielte, der wie ein waidwundes Tier über den Hof lief. Silvestre begab sich direkt zum Lieferwagen und schüttelte Aproximado wach, der auf dem Vordersitz schlummerte. Ohne Umschweife fragte er:

»Was will diese Weiße hier?«

»Nicht nur die ist hergekommen. Warum fragst du nicht mich, was ich hier will?«

Wortlos winkte mein Vater Kalash heran. Es sah aus, als wollte Silvestre ihm etwas zuflüstern, aber aus seinem Mund kam kein Laut heraus. Plötzlich zerrte er Aproximado aus dem Wagen und ging mit Fußtritten auf ihn los. Vergeblich versuchte der Soldat zu verhindern, dass unser Onkel getroffen wurde. Und so drehten sich die drei im Kreis wie zerbrochene Flügel einer Windmühle. Schließlich stützte sich unser Vater erschöpft vorn aufs Auto und atmete tief ein, als wollte er wieder zu sich kommen. Seine Stimme klang wie der Christus am Kreuz, als er fragte:

»Warum hast du mich verraten, Aproximado?«

»Ich habe keinen Vertrag mit dir.«

»Sind wir nicht eine Familie?«

»Das frage ich dich.«

Das war das Wort zu viel. Aproximado war zu weit gegangen.

Mein Vater sagte nichts, er schnaufte nur wie Jezibela nach einem Galopp. Und so, halb erstarrt, sah er zu, wie Aproximado ein Sammelsurium von Gerätschaften auslud: Ferngläser, starke Taschenlampen, die sich in die Nacht bohrten, Fotoapparate, Sonnenhüte und Stative.

»Was ist das? Ein Überfall?«

»Nichts weiter. Die Dame fotografiert gern Silberreiher.«

»Und da sagst du noch ›nichts weiter‹? Hier läuft jemand herum und fotografiert Silberreiher?«

Dies war nur noch ein zusätzlicher Grund für seine Missstimmung. Im Grunde war die Anwesenheit der Portugiesin schon für sich allein ein unerträglicher Übergriff. Ein einziger Mensch – und dazu noch eine Frau – brachte die ganze Nation Jesusalem zum Einsturz. In wenigen Sekunden zerbröckelte Silvestre Vitalicios mühsam errichtetes Gebilde. Es gab also da draußen eine lebendige Welt, und ein Abgesandter dieser Welt hatte sich im Herzen seines Reiches eingenistet. Es gab keine Zeit zu verlieren. Aproximado sollte alles wieder einpacken und die Fremde zurückbringen.

»Schaff mir diese Frau weg von hier, Schwager!«

Aproximado grinste dumpf und plump, wie immer, wenn ihm die Worte fehlten. Er wiegte seinen Körper im Overall, um sich Mut zum Widersprechen zu machen:

»Mein lieber Silvestre, wir sind nicht die Herren.«

»Wir sind nicht was? Ich bin sehr wohl ganz Herr von alldem hier, ich bin die einzige Amtsperson in dieser ganzen Gegend.«

»Also, ich weiß nicht … Hast du nicht überlegt, wenn überhaupt jemand von hier wegmuss, dass wir das sind?«

»Wieso das denn?«

»Die Häuser, die wir besetzt haben, gehören dem Staat.«

»Welchem Staat? Ich sehe hier keinen Staat.«

»Den Staat kann man nie sehen, Schwager.«

»Das ist einer der Gründe, warum ich von da abgehauen

bin, wo der Staat sich nie sehen lässt, aber immer kommt und uns was wegnimmt.«

»Du kannst schreien und fluchen, Silvestre Vitalicio, aber du bist unberechtigt hier ... «

»Ich scheiß auf dein unberechtigt ... «

Er war so wütend, dass seine Stimme sich überschlug, kreischend, wie Stoff, der zerrissen wird. Noch nie hatten wir solche Töne von ihm gehört. Mein Vater ging ein paar Schritte in Richtung des Verwaltungsgebäudes und brüllte los:

»Drecksweib, mieses Drecksweib!«

Er neigte seinen Körper vor, als schleuderte er nicht Worte, sondern Steine:

»Verschwinde von hier, Drecksweib!«

Wie er so gegen die Leere anfocht, tat er mir leid. Mein Vater wollte die Welt von sich ausschließen. Aber es gab keine Tür, hinter der er sich hätte einschließen können.

*

Es war frühmorgens, als mein Vater mich im Bett wach rüttelte und über das Kissen gebeugt mir zuflüsterte:

»Ich habe einen Auftrag für dich, mein Sohn.«

»Einen was?«, fragte ich schlaftrunken.

»Einen Spionageauftrag«, erklärte er.

Die Aufgabe war einfach, sie wurde mir in zwei Sätzen beschrieben: Ich sollte zum Herrenhaus gehen und auskundschaften, was sich im Zimmer der Portugiesin befand. Silvestre Vitalicio wollte Spuren finden, die auf die geheimen Absichten der Fremden schließen lassen konnten. Ntunzi sollte die Portugiesin ablenken und dafür sorgen, dass sie nicht ins Haus kam. Und ich sollte keine Angst vor Geistern oder Gespenstern haben. Die Portugiesin hätte sie schon alle verscheucht. Die einheimischen Geister vertragen sich nicht mit ausländischen, versicherte er.

Später am Vormittag holten meine zitternden Hände die

44

Besitztümer der Portugiesin ans Licht. Stundenlang sah ich mit Fingern und Augen ihre Papiere durch. Jedes Blatt war ein Flügel, der mir mehr Schwindel bereitete als einen Höhenflug.

Aus: Jesusalem
Aus dem Portugiesischen von Michael Kegler.

HEIMKOMMEN

Koleka Putuma / Südafrika

Dieses eine Mal
in deinem Büro
hemmungslos ausgebreitet
über deinen Deadlines
liebten wir uns, als jagten uns Wölfe
als seien die Wölfe bei uns auf deinem Schreibtisch
als seien die Wölfe in unseren Händen
und kreisten um unsere Kitzler
und fielen über unsere Beine her
als seien die Wölfe in unseren Mündern
und verschlängen uns mit Haut und Haar.

Ich hatte keine Ahnung, wie wild ich sein könnte,
bis du mich berührtest.
Ich hatte keine Ahnung, dass das Kommen
auch ein Akt des Überlebens sein könnte.

DAS GANZE LAND UNTER
EINEM ZAUBER

Ngũgĩ wa Thiong'o / Kenia

Kamĩtĩ machte sich Sorgen, weil Arigaigai Gathere befördert und in das Büro des Herrschers versetzt worden war. Das Ganze trug sich nämlich unmittelbar nach Kamĩtĩs dilettantischem Hokuspokus zu. Was, wenn sein Spiel mit der Magie etwas damit zu tun hatte? Besaß er, ohne es zu wissen, tatsächlich okkulte Kräfte? Er befand sich zweifellos in Schwierigkeiten.

Er hatte ein Spiel aus seiner Kindheit aufgegriffen, um einem Polizisten zu entkommen. Doch jetzt, nach seiner Beförderung, würde Constable Arigaigai Gathere auf die Jagd nach Staatsfeinden gehen. Nyawĩra hatte eben zugegeben, Mitglied der Bewegung für die Stimme des Volkes zu sein. Was sollte A. G. davon abhalten, unter dem Deckmantel weitere Weissagungen haben zu wollen, Nachforschungen bei ihnen anzustellen? Kamĩtĩ kam sich schutzloser vor denn je.

Kamĩtĩ wollte ein normales Leben führen, abseits der Politik. Seiner Abneigung politischem Engagement, vor allem Massenbewegungen gegenüber lagen Erfahrungen seiner Familie zugrunde. Sein Vater, ein ehemaliger Grundschullehrer, hatte seine Stelle verloren, weil er versucht hatte, die Lehrer seiner Region in einer Gewerkschaft zusammenzuschließen. Und sein Großvater war in den Kämpfen für die Unabhängigkeit Aburīrias ums Leben gekommen. Politische Auseinandersetzungen hatten seiner Familie nur Elend beschert, und er wollte nichts mit ihnen zu tun haben. War es nicht Ironie des Schicksals, dass ihm ebendieses politische Leben, das er so entschieden zu meiden versucht hatte, nun durch das Handeln anderer aufgezwungen wurde? Was, wenn A. G. wie angedeutet wieder auftauchte, um den Herrn der Krähen zu bitten, seine Kräfte einzusetzen, die Geheimnisse der regierungsfeindlichen Bewegung und ihrer Anhänger zu enthüllen? Würde es ihm gelingen, sich durch weitere Erfindungen aus dieser Zwickmühle herauszuwinden? Wenn Nyawīra ihm bloß verschwiegen hätte, dass sie darin verwickelt war! Er fürchtete, es könnte etwas an seinen verrückten Einbildungen dran sein, wie die Wendung im Leben des Polizisten gezeigt hatte. Würde er am Ende unabsichtlich die Wahrheit über die Frau verraten, die so liebenswert gewesen war? Nein, Nyawīra und Constable Arigaigai Gathere mochten ihn später vor die Qual der Wahl stellen. Er würde nicht herumsitzen und darauf warten, dass einer von beiden zurückkäme; er musste sich von beiden fernhalten. Mit diesem Entschluss fühlte er sich augenblicklich besser.

In Gedanken stimmte er ein Lied an – »Ich gehe ...« –, aber wie aus dem Nichts hörte er die vereinten Stimmen von Nyawīra und Constable Arigaigai Gathere, die dieselbe Melodie mit einem anderen Text unterlegten: »Nein, du gehst nicht.« Ihre Stimmen kamen ihm so real vor, dass er sich zurückrufen hörte: »Nein! Ihr könnt mich nicht aufhalten«, obwohl er das Gefühl hatte, seinen Wohltätern gegenüber grob zu sein. Er war nicht mehr der mittellose Bettler, der er gewesen war, als er Nyawīras Haus zum ersten Mal betreten hatte. Er hatte jetzt das Geld des Polizisten. Doch er hätte es niemals bekommen, wenn ihm Nyawīra nicht eine Bleibe geboten hätte.

Er ging hinaus und grub den Behälter mit seiner Beute aus. Sie roch wie ein verwesender Leichnam. Er eilte ins Haus zurück, steckte die Plastikschachtel mit dem Geld in seine große Betteltasche, zog seine Jacke an, warf sich die Tasche über die Schulter und ging zur Tür, in der Absicht, in den Straßen von Eldares zu verschwinden.

Vor der Tür stand ein Mann.

Der Fremde sah schwach aus, krank und müde.

Hier muss der Schrein des Herrn der Krähen sein, sagte der Fremde, und ohne auf Bestätigung zu warten, begann er zu klagen. Er leide, sagte er, unter ungeheuren Leibschmerzen.

»Ich will nicht behaupten, dass ich verhext bin, aber ich habe kein Geld und kann deshalb nicht ins Krankenhaus. Ich möchte von Ihnen nur ein paar Wurzeln und Blätter zum Kauen, damit die Schmerzen vergehen.«

Kamĩtĩ versuchte zu leugnen, der Herr der Krähen zu sein, aber die Worte blieben ihm im Hals stecken. Die unerwarteten, abrupten Wendungen in seinem Leben wurden ihm langsam unheimlich. Der Alte zwang ihn auf einen Weg, den er nicht gehen wollte.

»Warte hier auf mich«, sagte er dem Mann, nachdem er ein paar flüchtige Fragen zu dessen Krankheit gestellt hatte.

Er log; er wollte davonlaufen. Kamĩtĩ ging durch das Grasland und wagte nicht, sich umzudrehen, aus Furcht, seine Entschlossenheit zu verlieren. Doch als er draußen im freien Feld war, nagten Zweifel an ihm. Was soll Nyawĩra denken, wenn sie von der Arbeit nach Hause kommt und einen Fremden, einen kranken alten Mann, vor ihrer Tür findet? Benahm er sich nicht wie der Esel im Sprichwort, der seine Dankbarkeit zeigt, indem er seinen Wohltäter tritt? Nyawĩra hatte ihm Obdach und Essen gegeben, hatte ihn in der Nacht vor den Toren des Paradies vor der Verhaftung bewahrt. Sie war es, die ihn aus den bevölkerten Straßen der Stadt hinaus ins Grasland geführt und ihm Wärme und Gastfreundschaft geschenkt hatte. Alles, was er ihr

nun zurückgab, war sein wortloses Verschwinden – seine Art
von Dankbarkeit. Dann fragte er sich: Woher kannte sie sich
im Grasland so gut aus? Er versuchte, das Dickicht wiederzufinden, das sie gerettet hatte, als die Polizei sie jagte. Er folgte
den Spuren, und nachdem er eine Stunde lang gesucht hatte,
fand er den Ort. In der Nacht ihrer Flucht war ihm nicht aufgefallen, dass sich der Buschwald weit außerhalb von Santalucia
befand. In der Mitte des Gehölzes befand sich eine Erhebung,
die von einem Pfad durchschnitten wurde. Kamītī setzte sich
auf einen Stein, um die Dinge zu ordnen, die ihm durch den
Kopf wirbelten.

Es tat ihm gut, wenn er sich zwischen Pflanzen und Bäumen aufhielt. Jetzt schien auch der Gestank aus seiner Tasche
verschwunden zu sein. Seine Augen suchten die Umgebung
ab, und bevor er sich dessen bewusst wurde, hatte die reiche
Pflanzenvielfalt seine Neugier geweckt. Er streifte zwischen ihnen umher und suchte nach Pflanzen, die seiner Meinung nach
Heilkräfte besaßen. Was er sammelte, verstaute er in seiner
Tasche, ohne zu merken, wie die Zeit verrann. Aber diesmal
wusste er, dass er die heilkräftigen Wurzeln und Blätter nicht
für sich suchte, sondern weil ein Patient vor Nyawīras Haus auf
Heilung wartete. Vielleicht ist der Alte inzwischen gegangen,
redete er sich ein, als er nach Santalucia zurückkehrte. Der Alte
aber wartete noch immer geduldig vor der Tür.

Kamītī ließ ihn ein, gab ihm die Wurzeln und Blätter und
wies ihn an, sie zu kochen und den Sud in regelmäßigen Ab-
ständen zu trinken.

»Und achte darauf, dass du den Extrakt während der Mahlzeiten trinkst«, fügte er hinzu.

»Mahlzeiten? Haben Sie Mahlzeiten gesagt? Glauben Sie
wirklich, dass ich in den letzten Tagen etwas zu essen bekommen habe? Wenn die Wirkung dieser Medizin vom Essen ab-
hängt, dann taugt sie nicht für mich.«

Kamītī ging in die Küche und bereitete Rühreier mit Tomaten und gab sie dem Alten zusammen mit einem Glas Milch. Nyawĩra hatte sicher nichts dagegen, wenn er großzügig mit ihren Vorräten umging. Er gab dem alten Mann ein Blatt und ein Stück Rinde zum Kauen. Dann kam ihm plötzlich eine Idee: Um von seiner Rolle als Herr der Krähen loszukommen, musste er sich von dem Geld trennen, das er damit einnahm. Und wie konnte er das besser erreichen als durch einen Akt der Wohltätigkeit? Also griff er in seine Tasche, nahm das ganze Bündel Geldscheine heraus und gab es dem Alten als Teil der medizinischen Behandlung.

»Was ist denn?«, fragte Kamĩtĩ besorgt. Der alte Mann hatte beim Anblick des Geldes aufgeschrien. Kamĩtĩ glaubte zunächst, der Schrei des Alten rühre vom Gestank des Geldes, was ihn darin bestärkte, ihn nicht allein wahrzunehmen. Aber der alte Mann hatte vor Freude, Dankbarkeit und Staunen geschrien.

»Ich fühle mich schon besser, fast geheilt. Sie sind wahrhaftig ein Zauberer und ein Hüter der Gerechtigkeit; möge der Herr im Himmel Sie immer segnen.«

»Woher wusstest du, wo ich mich aufhalte?«, fragte Kamĩtĩ.

»In Santalucia reden alle über Sie. Und es ist ganz klar, warum. Zauberheiler werben nie öffentlich für sich. Sie verrichten ihre dubiose Arbeit im Dunkeln. Sie aber haben an Ihrem Haus eine Botschaft angebracht. Was soll das bedeuten? Doch nichts anderes, als dass Sie im hellen Licht des Tages tätig sind. Eine Gottheit hat mich bei der Hand genommen und meine Schritte geradewegs zu Ihrem Haus gelenkt. Möge ebendiese Gottheit Sie segnen, damit Ihre Kunst blühe, das Böse zu bannen und das Gute zu fördern!«

Anstatt über diese Nachricht erheitert zu sein, spürte Kamĩtĩ, dass er schwermütig wurde. Ihm war klar, dass er von hier verschwinden musste, noch bevor sich die Nachricht vom Zauberer weiterverbreitete. Er hatte den alten Mann behandelt. Er war das Geld losgeworden. Wie dumm von ihm, den Anschlag so lange an der Veranda hängen gelassen zu haben! Als er den alten Mann hinausbegleitete, nahm er seine Tasche auf. Diesmal würde es keine Umkehr geben.

Jetzt aber war es an ihm, einen Schrei der Überraschung, ja der Bestürzung auszustoßen. Wie angewurzelt blieb er stehen. Er fürchtete umzufallen und starrte ungläubig hinaus. Draußen warteten zehn weitere Patienten. Der alte Mann zwinkerte ihm zu, als wollte er sagen: Du kannst dich nirgendwo mehr verstecken. Du musst deine Rolle als Heiler annehmen! Warum ausgerechnet hier?, dachte Kamītī. Eine Laune des Schicksals. Jedes Mal, wenn ich zu entwischen versuche, stellt es sich mir in den Weg.

Er ging zurück in die Küche, um sich geduldig seinen Patienten zu widmen, einem nach dem anderen.

Dabei erwartete ihn eine weitere Überraschung. Der erste erklärte ihm, alle zehn seien Polizisten in Zivil. Waren sie gekommen, um ihn abzuholen?

»Wir möchten, dass Sie denselben Zauber anwenden, den Sie bei unserem Kollegen Constable Arigaigai Gathere angewendet haben. Er war ein Niemand bei der Verkehrspolizei, jetzt ist er eine große Nummer im Büro des Herrschers. Herr Zauberer, wir wünschen uns, dass Sie den Spiegel einsetzen und alle Feinde auskratzen, die unseren Gehaltserhöhungen und Beförderungen im Wege stehen.«

Die zehn redeten und hoben die Bedeutung des Spiegelzaubers hervor und würzten jeden Satz mit seinem Namen, oder zumindest mit einer Bezeichnung, von der sie glaubten, dass sie auf ihn zuträfe, bis er selbst es vor sich sah, ein Schild mit blitzenden Neonlichtern: HIER IST DER SCHREIN DES HERRN DER KRÄHEN.

Als die Nachricht, vor den Toren des Paradise seien ein paar Bettler verprügelt worden, das State House erreichte, geriet der Herrscher in Wut. Gerüchten zufolge wurde er von Machoka-li angestachelt, der am nächsten Morgen ins State House kam und berichtete, wie glatt das Bankett gelaufen wäre, wenn sich die Bereitschaftspolizei nur ein wenig zurückgehalten hätte. Zumindest die Global-Bank-Delegation hätte von den Protesten niemals etwas erfahren. Doch jetzt, meinte Machokali, kön-ne er nicht abschätzen, wie die Delegationsmitglieder auf die Nachricht reagierten. Selbstverständlich würde er jedoch all seine diplomatischen Fähigkeiten einsetzen, um den Schaden zu begrenzen, den die ansonsten fähige Sicherheitsmannschaft angerichtet habe.

Was den Herrscher später zum Kochen brachte, waren die gegen die Global Bank gerichteten Flugblätter, die in ganz Aburĩria verteilt wurden und sogar vor die Tore des State House und ins Parlament gelangten. Sofort zitierte der Herr-scher Sikiokuu ins State House und las ihm die Leviten: »Bring mir die Anführer der Bewegung für die Stimme des Volkes. Tot oder lebendig. Wenn du versagst ... «, und der Herrscher ließ den Rest in der Schwebe, um dem Minister zu verdeutlichen, was ihn in diesem Fall erwartete.

Sikiokuu indes war ein Meister darin, selbst die schlimms-ten Situationen zu seinem Vorteil zu kehren. Deshalb fiel er jetzt auf die Knie und senkte das Haupt, sodass seine Ohren tatsächlich die Füße des Herrschers berührten.

»Ich flehe Eure Allmächtige Vortrefflichkeit an, mir mehr Befugnisse zu verleihen, damit ich alle ausräuchern kann, die hinter der jüngsten Verschwörung stecken, Sie und Ihre Regie-rung zu verunglimpfen. Ich plane, die Zahl der Staatslauscher und Spürnasen zu vergrößern, damit nicht eine Schule, ein Marktplatz oder irgendein anderer öffentlicher Raum, so klein und unbedeutend sie auch sind, unentdeckt bleiben. Ich möchte Ihnen alle Feinde vorführen, die Sie, unser Herrscher, und das Land haben.«

»Du kleiner Hurensohn!«, brüllte der Herrscher wütend. »Warum kommst du mir immer wieder mit meinen Feinden und mit den Feinden des Landes? Gibt es einen Unterschied zwischen mir und dem Land?«

»Vergebt mir, mein Herr und Gebieter. Ich wollte nur Ihren Namen zweimal erwähnen, wie beim Allmächtigen Herrn im Himmel. Wir kennen ihn mit vielen Namen! Oh mein Gott, Sie ahnen nicht, wie süß Ihr Name in den Ohren derer klingt, die aufrichtig an Sie glauben und wissen, dass Sie und das Land wahrhaftig ein und dasselbe sind.«

»Es reicht! Leute, die mich mit Gott gleichstellen, mag ich nicht«, sagte der Herrscher schon ein wenig versöhnlicher. »Warum brauchst du besondere Befugnisse, um die Feinde des Staates zu zermalmen?«, schimpfte der Herrscher. »Was brauchst du mehr als den ausdrücklichen Befehl, alle Mittel einzusetzen, mir meine Feinde tot oder lebendig zu bringen? Ich will nie wieder ein Wort hören über Flugblätter und Plastikschlangen, die irgendwo in diesem Land von sichtbaren oder unsichtbaren Leuten verteilt werden. Setz so viele Leute ein, wie du brauchst, und alle Mittel, die nötig sind. Ich will, dass deine Männer so mutig vorgehen wie dieser Polizist, der, wie ich hörte, eine ganze Nacht allein im Grasland mit Wesen aus der anderen Welt gekämpft hat. Ich würde mich sicherer fühlen, wenn ich wüsste, dass ich in meinem Büro ebenso pflichtbewusste Sicherheitsleute habe. Verstanden?«, sagte der Herrscher und betonte jedes Wort, indem er mit seinem keulenförmigen Stab auf den Kopf des Ministers tippte.

Sikiokuu blieb auf den Knien und ertrug die Klapse, als wären es Segnungen. Bei jedem Klaps zog er an seinen Ohrläppchen, um zu zeigen, dass er jedes Wort in sich aufnahm. Wieder einmal ergriff er die Chance des Augenblicks, um die Demütigung in eine Beförderung umzuwandeln.

»Ich schwöre bei meinen Ohren und vor Eurem Angesicht, mein Herr auf Erden und im Himmel, dass ich alles tun werde, was in meiner Macht steht, mit der Sie mich gerade ausgestattet haben, um die Mitglieder und Anführer dieser sogenannten Bewegung für die Stimme des Volkes zu zermalmen. Und sollten sie Geister sein, dann werde ich andere Geister finden, die sie entgeistern werden. Oh, mein Herr und Gebieter, man wird ihr Gnadengewinsel in allen Winkeln des Erdballs hören.«

Die Zusicherung eines Gewinsels von weltumspannender Reichweite beunruhigte den Herrscher, weil sie ihn daran erinnerte, dass er und Machokali zuvor besprochen hatten, das Land von der besten Seite zu zeigen, solange sich die Bankvertreter hier aufhielten. Er wollte nicht riskieren, dass sich wiederholte, was vor den Toren des Paradise passiert war. Deshalb ermahnte er Sikiokuu, sich trotz seiner besonderen Befugnisse für die Dauer des Besuchs der Global-Bank-Delegation zu mäßigen. Die Nation musste ein friedliches Gesicht zeigen, vereinigt und geschlossen hinter ihrem Führer und seiner Vision von Marching to Heaven. »Was ich brauche«, sagte er, »sind mutige Männer wie diesen Polizisten.«

Sikiokuu war nicht glücklich über diese Einschränkung. Er hatte gehofft, seine neue Macht dafür einzusetzen, alles ein wenig hochzukochen und den Besuch der Banker zu beeinträchtigen, um Machokalis häufiges Erscheinen auf den Bildschirmen und seine täglichen Besuche im State House zu unterbinden. Aber er war schlau genug, sich seine Enttäuschung nicht anmerken zu lassen. Stattdessen nickte er eifrig, um sowohl seine Übereinstimmung mit den Wünschen des Herrschers als auch mit dem Befehl, Frieden und Ruhe zu wahren, zum Ausdruck zu bringen. Und er dachte dabei auch an den Polizisten.

Als er das State House verließ, ordnete Sikiokuu die sofortige Versetzung von Constable Arigaigai Gathere ins Büro des Herrschers an. Auch dem Aspekt mit den Geistern wollte er nachgehen. Als Nächstes stellte er aus A. G., Elijah Njoya und

Peter Kahiga eine dreiköpfige Spezialeinheit zusammen, die sich der Bewegung für die Stimme des Volkes widmen sollte. Ihre vordringlichste Aufgabe sollte darin bestehen, alles zu beobachten, was Machokali tat: sein Kommen und Gehen, seine Handlungen und Kontakte. Außerdem sollten sie eine Liste mit Verdächtigen zusammenstellen, wobei das Foltern der Beschuldigten warten musste, bis die Delegation der Global Bank abgereist war.

Das mag die eigenartige Tatsache erklären, die in vielen Berichten konstatiert wird, dass sich Aburīria während der Dauer des Besuchs der Global-Bank-Delegation der friedlichsten Tage seiner jüngsten Geschichte erfreute. Wochenlang hörte niemand Familien klagen, weil liebe Angehörige von den mörderischen Engeln des Regimes erschossen worden waren. Es war, so erzählten jene, die dazu neigen, große Vergleiche anzustellen, als läge das ganze Land unter einem Zauber, der erstaunlicher war als der, den Moses Tausende Jahre vor der Geburt Christi im Land der Pharaonen geschaffen hatte!

Wahr ist, dass sich, abgesehen vom üblichen Klatsch und Tratsch über die niemals endenden Rivalitäten zwischen Machokali und Sikiokuu, die größten Ängste jener Zeit darauf richteten, Eldares könnte plötzlich von einer Invasion Schlange stehender Dämonen heimgesucht werden.

Aus: Herr der Krähen
Aus dem Englischen von Thomas Brückner.

DIE ALPHABETISIERTEN

Patrice Nganang / Kamerun

M an könnte sagen, dass die Gruppe, die sich schon seit zwei Monaten jeden Morgen in Miningas Bar versammelte, immer merkwürdiger wurde. Denn führt euch die politische Bühne vor Augen: Frankreich ist zusammengebrochen, Französisch-Äquatorialafrika hat sich auf die Seite der Widerstandsbewegung um General de Gaulle geschlagen, M'bangue träumt von Hitler. Und während dieser Zeit, in diesen gefährlichen Augenblicken lesen im Wald von Bassa sechs Burschen französische Gedichte. Auf die Idee musste man erst einmal kommen. Aber etwas war noch befremdlicher: Frankreich, das in den Alltagstrott der Kollaboration fiel, zum Beispiel. Pouka lächelte, wenn er sich daran erinnerte, wie er Abbé Jean versprochen hatte, er würde keine Kommune gründen. Er dachte an Blanqui, an all die anderen Verrückten in der französischen Geschichte, und ihm wurde bewusst, dass ihm für diese Art Träume der Mut fehlte. Er wollte auch keine Abtei Thélème gründen. Es reichte, wenn er in seinem Rücken das höfliche Staunen oder den Spott der Dorfbewohner spürte, die bei seiner Ankunft in ihm den Beamten gesehen hatten, den Schreiber, und nicht verstanden, warum er jeden Morgen in eine Bar der Wolowos ging.

»Sie sagen, er ist Schreiber?«

Ach, wenn man den Dorfbewohnern erklärt hätte, dass er ein Illusionist war, ihre Schlussfolgerung wäre einfach gewesen: »Die Franzosen haben ihm das angetan.«

In Wahrheit beschlich Pouka erst ein Zweifel, als er die Bar morgens bei seiner Ankunft leer fand. Nur Mininga, ihre Serviererinnen und die drei Stammgäste waren anwesend. Ihm kam es vor, als stände er unter einem weiblichen Bann, und so setzte er sich auf einen Bierkasten und wartete, den Blick auf die tausend Bäume gerichtet, die ihm ihre rot und schwarz gefleckten Stämme zeigten, dann auf das Dorf, das auf seine Ratlosigkeit mit Heiterkeit reagierte. Frauen gingen vorbei. Eine stieß ihre Nachbarin mit dem Ellenbogen an, grüßte ihn und flüsterte ihrer Gevatterin Worte zu, worauf die ihrerseits Pouka ansah und ihn mit breitem Lächeln und Respektbezeugungen grüßte. Männer, die vorübereilten, antworteten hastig auf seinen Gruß, grüßten ihn aber überschwänglich ein zweites Mal, nachdem sie vor Überraschung, ihn dort zu erblicken, zusammengezuckt waren. Sie fragten ihn sogleich, wie denn die Stadt sei, wie sein Leben in Jaunde sei, allem Anschein nach, um ihre Meinung bestätigt zu hören. Eine Reihe unhöflicher Leute war so verdutzt, als sie Pouka vor Miningas Bar erblickten, dass sie nichts anderes stotterten als immer denselben törichten Satz.

»Ich wusste nicht, dass du es warst, mein Sohn!«

Pouka entdeckte das dörfliche Antlitz der Unaufrichtigkeit, die empörenden Kommentare vonseiten Sitas und ihrer Frauen hallten in seinem Kopf wider.

»Ja, du hast richtig gesehen«, hörte er anderswo, »das ist der Sohn, Pouka.«

»Wandafout! Wundervoll!« Und der Mann, der glaubte, er habe wohl nicht recht gesehen, drehte sich um.

»Guten Tag, mein Sohn«, sagte er mit ausholenden Gesten des Respekts, ein Lächeln verzerrte sein Gesicht.

Pouka antwortete auf seinen Gruß mit einem Kopfnicken.

»Guten Tag, Vater.«

»Was für Dummköpfe!«, dachte er. Seine alte Verachtung für die Dörfler kam ihm wieder in den Sinn. Er war zuversichtlich gewesen, dass er den Zorn der Frauen in der Affäre Bilong besänftigt hatte. Sein Alleinsein an diesem Morgen ließ ihn an einen Misserfolg denken. Je länger er den Passanten zusah, desto mehr war er überzeugt, dass die Bäuerinnen ihn übertölpelt hatten. Er kannte sie zu gut, oh ja, er war ihr Sohn. Er kannte ihre Hinterhältigkeit und ihre Winkelzüge. Er hörte, was die Passanten sich hinter vorgehaltener Hand erzählten: Zwar war er nicht gefallen, mit Sicherheit aber aus der Stadt verjagt worden, und sein Vater hatte darüber den Verstand verloren. Dass M'bangue, der ohnehin schon geistig und körperlich verfiel, halb blind geworden war. Dass die Hexerei von seinem Verstand Besitz ergriffen hatte, denn schließlich träumte er dauernd von Hitler: »Das soll der Sohn des Alten sein? Du machst Witze!«

»Das ist der, der Bilong *verführen* wollte?«

Glücklicherweise nahm die heilige Pflaume es auf sich, die Ungläubigen zu bestrafen, denn die, die das gesagt hatte, glitt auf einem Kern aus, Abfall, von der Verkäuferin der gegrillten Kochbananen fortgeworfen, den sie in ihrer Unachtsamkeit nicht auf dem Weg hatte liegen sehen. Es war eine Frau, deren unmögliche Last sie seltsamerweise nicht daran hinderte, loszuschreien. Sie wurde gerade noch von ihrer anderen Tratschgefährtin aufgefangen, doch die Schüssel, die sie auf ihrem Kopf trug, ergoss ihre Früchte zur allgemeinen Erheiterung auf den Boden. Pouka lief hinzu, um ihr beim Auflesen ihrer Mangos und Orangen zu helfen. Verlegen stotterte die Dame: »Pardon, Papa, Pardon, Papa.«

Als er sich aus dem Gewirr befreite, entdeckte der Schriftsteller, dass auf dem Stuhl, den er verlassen hatte, ein vor

Anstrengung zitternder Philothée saß. Der Junge war außer Atem. Es schien, als sei er gelaufen oder habe sich aus einer Prügelei herausgewunden. Pouka hatte ihn nicht aus dem Wald kommen sehen.

»Du kommst zu spät«, begann er trocken, dann ging er schnell in den väterlichen Tonfall über, den ihm seine Erinnerung an den Skandal mit Sita eingab: »Was stimmt denn nicht?«

Philothée gab ihm keine Antwort.

»Wo sind denn alle?«, fragte er ihn besorgt.

Er war mit Sicherheit derjenige, den er an diesem Morgen am wenigsten erwartet hätte. Seit Langem schon war er davon überzeugt, dass es ein Fehler gewesen war, den Jungen in den kleinen Literaturkreis aufzunehmen. Sorgte die Dummheit dafür, dass er seinen Blick jedes Mal senkte, wenn man ihm eine Frage stellte? Es hätte ihn nicht überrascht, wenn er eines Tages nicht mehr aufgetaucht wäre. Doch war er nun der einzige Anwesende an diesem Morgen der Überraschungen! Etwas Ironischeres konnte es nicht geben. Dank der unerwarteten Wendung näherte er sich dem Jungen und stellte fest, dass Philothée nicht nur gegen seine Kurzatmigkeit, sondern auch gegen ein Stottern ankämpfte, das ihm den Blick trübte, eine Last auf jede Silbe legte, sie knetete, sie umschmeichelte und sie dann in der bebenden Rundung seines Mundes behutsam zu dem Wort zusammensetzte, das er sagen wollte.

Pouka erinnerte sich nicht daran, dass er bei der Vorstellung oder in den Sitzungen dermaßen gestottert hatte, aber er war es zufrieden, dass er ihn heute als Einzigen vor sich hatte und ihn mit Nachdruck befragen konnte. Doch bald kam er auf eine andere Sache.

Die gleiche Sache.

»Wo sind denn alle?«, erkundigte er sich wieder.

Philothée legte sich die Vokale und Konsonanten des Wortes zurecht, das er sagen wollte, richtete seinen Blick ins Leere, als flehte er die widerspenstigen Silben an, sich aussprechen zu lassen.

»Auf de… de…« Pause. »Feld.«

Es war August, die Zeit der Pflaumen. Wie konnte Pouka es vergessen? Am Morgen hatte sich auch das Haus seines Vaters geleert, denn alle waren auf die Felder gegangen. Um sieben Uhr aufstehen, damit hatte man ihm gewissermaßen ein langes Ausschlafen gestattet, sicher weil man sich an seine städtischen Gepflogenheiten gewöhnt hatte. Dass aber kein Mitglied des kleinen Literaturkreises ihm am Vortag sein Fehlen angekündigt hatte, erstaunte ihn. Philothée, vor ihm, sah ihn mit einer Miene an, die eine viel größere Gewissheit ausstrahlte.

»Und du«, fragte er ihn, »du gehst nicht auf die Felder?«

Pouka bedauerte augenblicklich seine Frage, denn Philothée begann wieder flehentlich zu stottern.

»Lesen«, sagte er, und Pouka begriff, dass er eine Wahl getroffen hatte und nicht die Worte fand, um ihm von dem zu erzählen, was sich überraschend ereignet hatte.

»Er hat sich für die Poesie entschieden«, sagte er sich, ohne sicher zu sein, dass es wirklich das war, was der Junge ihm hatte sagen wollen. Er vergaß aber nicht, was Philothée ihm mit ein, zwei Worten gezeigt hatte: dass das Alphabet eine Seele besitzen kann. Dass die Buchstaben tief im Körper eingeschrieben sind. Dass das Wort sich in funkelnden Strahlen befreit. Dass jeder Satz ein Gebet ist. Und jedes Gedicht daher eine Hymne ist. An jenem Tag fand die Sitzung mit nur einem Teilnehmer statt, mit dem, der am meisten mit den in seinem Innern zusammengekauerten Buchstaben des Alphabets zu kämpfen hatte. Doch der Kampf, den er in Philothées Blick sah, jedes Mal wenn der sich anstrengte, ein Wort oder einen Satz herauszubringen, inspirierte ihn zu einem Motto für seine Gruppe: »Willkommen bei den Alphabetisierten!«

Es war eine ernsthafte Einladung, die er an alle Abwesenden richtete. Er hatte noch nicht begonnen, das Alphabet als eine Matrix der Poesie zu sehen, bald würde er dahinkommen. Der erste Alphabetenmensch seiner Utopie, er war sicher, dass er ihn an jenem Morgen entdeckt hatte: Philothée.

»Willst du meine Kunden verjagen?«, fragte ihn Mininga, als er ihr von seinem Glücksfund des Tages erzählte.

Und sie hatte recht. Dennoch, bei dem Gedanken, dass er seine Gesellschaft der Alphabetisierten in einer Bar ins Leben rief, lächelte er.

»Das Buchstabenbordell«, sagte er sich, und im Stillen betrachtete er nacheinander die Frau, ihre Serviererinnen und auch die Verkäuferin der gegrillten Kochbananen. »Das ist die Poesie.«

»Was denn nun, mon chéri?«, fragte Mininga.

»Gib uns zwei Bier«, antwortete er ihr.

Er war glücklich, dass er so die Komplizenschaft besiegeln konnte, die sich zu seinem allerersten Alphabetenmenschen ergeben hatte. Und der Verkäuferin der gegrillten Kochbananen, die ihn wie ein Hund anschaute, warf er eine Münze hin.

Sein Blick verlor sich in den Flamboyants – und im Wald.

Im Wald von Edea.

Aus: Zeit der Pflaumen
Aus dem Französischen von Gudrun und Otto Honke.

DER AUFSTAND

Jamal Mahjoub / Sudan

M üde erheben sich die Stadtmauern mit der Morgendämmerung. Die Sonne steigt empor, zertrümmerte Felsen
ächzen, die Luft bläht sich heiß auf. Krähen kreisen am Himmel. Ihre Flügel flattern wie schwarze und weiße Lumpen. Jeder Mensch ist aus Lumpen erschaffen, spricht der Mahdi.

Weit unten beginnt sich ein winziges Häufchen vermumm-
ter Gestalten zu regen. Kalt und steif sind ihre Glieder nach der
eisigen Nacht und vom harten Bett aus Fels und Sand, auf das
sie ihre Knochen zur Ruhe gebettet haben. Kinder, noch immer
hungrig, reiben sich die Augen, und der Staub treibt Tränen
hervor. Die Pilger wickeln dünne Tücher über windgegerbte
Gesichter und tasten mit langen Fingern nach Müttern, Vätern,
Söhnen und Töchtern, um sie anzustoßen und herauszubekommen, ob die Liebsten noch atmen, oder ob das Leben von
ihnen gewichen ist, während sie träumend ruhten. Und endlich
zeigt sich das Ziel ihrer Suche: El Obeid breitet sich vor ihnen
aus wie die enttäuschende Antwort auf ihre Gebete – elend
und unvollkommen. Sie hatten gestern Abend erst lange nach

Einbruch der Dunkelheit angehalten. Es ist sinnlos, ein Lager aufzuschlagen, wenn man keine Nahrungsmittel besitzt, aus denen eine Mahlzeit zubereitet werden kann, es nichts Erfreuliches gibt, nur die endlosen Stunden des Wartens, bis endlich ein neuer Morgen anbricht. Wie eine Handvoll Krähenfedern verteilten sie sich im Staub, zu erschöpft, um miteinander zu reden, schweigend unter dem Sternengitter, zu mutlos, um ihre schlimmsten Befürchtungen auszusprechen.

Die Morgendämmerung hat den elften Tag geboren. Immer unergründlicher wird das Geheimnis von Gottes Plan. Die Straße ist endlos, und sie sind nicht auf eine lange Reise vorbereitet. Sie besitzen nichts außer ihrem Glauben, und sie haben nichts als ihren Glauben zu verlieren. Sie rufen sich in Erinnerung, dass auch die ersten Gläubigen eine Reise durch die Ödnis der Wüste auf sich nehmen mussten, und so murmeln sie ihren Dank für jeden neuen Tag, für jeden Schritt, der ihnen gelingt. Gott wird sie führen. Gott hat ihnen eine Ziege geschenkt, deren Milch sauer ist, hat sie mit Kindern geprüft, die kalt auf den brennend heißen Boden sinken, die Augen blicklos gen Himmel gewandt. Sie beerdigen die Kinder schnell, brechen mit den Händen den harten Boden auf, nehmen jedes Stück Holz zu Hilfe, das sie finden können. Gott prüft sie zudem mit Rudeln wilder Hunde, die ihren Spuren folgen und in der Finsternis heulen, wenn sie mit ihren Pfoten an den Steinhügeln scharren, die zur Kennzeichnung der Grabstätten aufgeschichtet sind. Für all dies gibt es aber einen Grund, denn Gott weiß alles und sieht alles.

Hawi setzt sich auf und schlingt sich das schmuddelige braune Kopftuch um den Schädel. Er ist ein Pilger auf dem Weg in die Stadt des Lichts. Er geht ein paar Schritte auf und ab und schlingt dabei fest die Arme um den Oberkörper, um sich ein wenig das Gefühl von Wärme zu schenken.

Die Stadt rückt näher, ein Umriss gegen den Sand gezeichnet. Die Lehmschutzwälle, die die Stadt verteidigten, sind

durch die Regenzeit aufgeweicht worden. Neun Monate ist es
her, dass die Stadt fiel. Oder befreit wurde. Die Tore zur Fes-
tung stehen offen, und jeder kann kommen und gehen, wie es
ihm beliebt. Die erbeuteten Kanonen sind mit ebenjenen Soldaten bemannt, die sie auf die *ansar* richteten, als diese angrif-
fen. Doch dies ist darauf zurückzuführen, dass sie am besten für
den Einsatz an diesen Waffen geeignet sind. Sie haben den Eid
geleistet, ihre Treue geschworen; sie sind willkommen.

Am Tor zur Stadt haben sich Männer versammelt. Sie sind
mit Speeren und Schilden bewaffnet und unterhalten sich laut.
Ein paar von ihnen sind von der Schlacht gezeichnet, vernarbt
sind ihre Gesichter, vernarbt sind auch ihre Seelen. Einem fehlt
ein Arm. Eine solche Verwundung zu überleben, ist schon ein
Wunder, denkt Hawi bei sich. Sie tragen die Flicken-*jubba*, jenes einfache Gewand, das einen gewöhnlichen Menschen in
einen umherziehenden Mystiker verwandeln kann und ihn in
den Rang des Adligen erhebt. Sie tragen ihre Hingabe mit eif-
rigem Stolz, und Hawi ist ein weiteres Mal sprachlos im Angesicht des bloßen Ausmaßes dessen, was er miterlebt. Eine neue
Gemeinschaft beginnt Gestalt anzunehmen – ohne Grenzen
wächst sie aus dem Inneren des Volkes selbst heraus, eine Gemeinschaft des Glaubens und, weit mehr noch, der Hoffnung.
Was einst so erstarrt schien, ist jetzt in Bewegung geraten.

Kleine Jungen jagen einander, wälzen sich lachend auf dem
Boden, geben vor, Krieger zu sein. Ein junges Mädchen treibt
eine Ziegenherde zur Tränke. Ein Kaufmann hält unsicheren
Schrittes Einzug an der Spitze eines Maultierzuges, der die be-
rauschenden Düfte und Gewürze aus den goldenen Hügeln im
Süden trägt. Die Welt, so scheint es, nimmt trotz der Gefahren,
die drohend über ihr hängen, ihren täglichen Lauf. Ungehin-
dert können die neu ankommenden Pilger die Tore passieren.
Wie in einem tiefen Schlaf gefangen, ziehen sie in die Stadtmit-
te und zum Markt. Einige verlieren sich in der Menschenmasse.
Gesichter, die in den vergangenen Wochen vertraut geworden

sind, beginnen sich in der Menge aufzulösen, verschmelzen zu einem umfassenden Ganzen.

Die Stadt befindet sich durch den Krieg in einem seltsam verwahrlosten Zustand. Es scheint, als bedürfe der Aufbau der neuen Welt der Zerstörung der alten. Die Häuser rund um den Marktplatz waren während der Belagerung, die schließlich in die berühmt gewordene Freitagsschlacht mündete, verwüstet worden. Alles hat Narben davongetragen, und Feuer und Rauch haben ihre schwarzen Spuren hinterlassen. Eine abgemagerte Kuh steht auf den Stufen, die zu den Resten der ehemaligen Gouverneursresidenz führen, und schaut gleichgültig auf die vorübergehenden Menschen. Die Vormittagssonne, die durch das Loch bricht, an dessen Stelle sich einst das Dach befand, wirft einen hellen Schein auf das Innere der Residenz.

Der Marktplatz ist auch gleichzeitig Arbeitsstätte des Scharfrichters. Ein aufgeblähter Leichnam baumelt vom Galgen, schaukelt unter dem Gewicht der graubrüstigen Krähen, die sich auf ihm niedergelassen haben. Trotz der Rufe der Händler und des unaufhörlichen, geschäftigen Treibens und des mitunter aufklingenden Schreis eines *darwish*, der sich fortwährend im Kreis dreht und seine Ergebenheit und Hingabe verkündet – trotz alledem liegt ein dunkler Schatten über der Stadt. Hawi hält einen Mann an der Schulter fest, der an ihm vorübergeht und in jeder Hand zwei Hühner trägt. »Das Haus von Scheich Abbas?«, fordert er mit heiserer Stimme zu wissen.

Der Mann lacht. »Alle Scheiche, die ich kenne, liegen auf dem Friedhof.«

Hawi beißt sich auf die Lippen. »Auf dem Friedhof«, wiederholt er.

Jetzt steht er allein. Es ist, als wäre die Stadt um einhundert Jahre zurückgeworfen. Er dreht sich um und geht an den verkohlten Ruinen vorbei, an den Trümmern des Kampfes, und versucht sich vorzustellen, wie es hier früher ausgesehen hatte.

*

Mittag war bereits vorüber, als er den niedrigen, unterirdischen Raum betrat, in dem die Körper der Toten gewaschen wurden, ehe man sie beerdigte. Ein paar wenige Talglichter brannten, und aus Kohlenbecken stiegen dünne Weihrauchschwaden auf, die den Gestank überdecken sollten.

»Scheich Abbas? Ist er hier?«

Ein unbekanntes Augenpaar, das über ein vor Mund und Nase verknotetes Tuch lugte, richtete seinen Blick auf ihn und schaute dann weg. Unter unverständlichem Gemurmel schlurfte sein Besitzer durch den lang gestreckten Raum, in dem die Leichen auf einem Lehmfußboden lagen, der mit Wasser kühl und feucht gehalten wurde. Schattengleiche Gestalten schoben sich in dieser Düsternis an Hawi vorbei, die nur von einem dünnen Sonnenstrahl aufgehellt wurde, der durch einen Ritz in der Decke einfiel. Er empfand eine Mischung aus Schrecken und Brechreiz. Der Raum war so kalt und beängstigend eng wie eine Gruft.

Ein Greis kam auf ihn zu, steif vor Alter und Ungehaltenheit. Oder war es einfach nur Wut? Ihm schien daran gelegen, seine Arbeit so schnell wie möglich hinter sich zu bringen. Die Träger bewegten sich schwerfällig und stolperten übereinander, als sie versuchten, ihm aus dem Weg zu gehen. Der alte Mann kam näher. Er hob den Kopf, als er ein Hindernis auf seinem Weg entdeckte, und schnauzte etwas, während er Hawi mit einem Wink bedeutete, aus dem Weg zu gehen. Er drängte sich an ihm vorbei, doch plötzlich hielt er inne. Langsam drehte er sich um, und auf seinem Gesicht begann sich ein Lächeln breitzumachen. Matt wies er in Richtung Ausgang, und ohne ein Wort der Begrüßung gingen Hawi und er zu den Stufen, die ins Freie führten. In diesem Augenblick machte sich Aufregung breit: Ein paar Männer, die die Stufen herunterkamen, verloren den Halt, und der Leichnam, den sie trugen, entglitt ihren Händen. Der Bauch platzte auf, als der Körper auf dem Boden aufschlug, und der Raum wurde von einem faulen, sumpfigen

Gas erfüllt, das einem in die Kehle fuhr. Hände griffen eilig zu, und der Tote wurde ohne weitere Umstände unter aufgeregtem Stimmengewirr durch den lang gestreckten Raum gezerrt. Sein Kopf schlug auf den Boden. Hawi spürte, wie sich ihm die Kehle zuschnürte. Er tastete sich seinen Weg ins Freie und kniete nieder, würgte. Als er schließlich aufsah, stand der alte Mann neben ihm. Scheich Abbas breitete die Arme aus und umarmte Hawi.

»Bist du also gekommen? Jetzt, da die Welt im Kern auseinanderbricht, kehrst du zurück?« Sie hielten einander an den ausgestreckten Armen. In den Augen des alten Scheichs glänzten Tränen.

Aus: Die Stunde der Zeichen
Aus dem Englischen von Thomas Brückner.

VÖGEL AM HIMMEL

Paulina Chiziane / Mosambik

Es wird Nacht, und diese Nacht wächst schneller als ein Bambusschössling. Im milchigen Himmel macht der Mondschein dem Strahlen der Sterne Konkurrenz. In Mananga haben die ungefähr sechzig Überlebenden den Fluchtplan festgelegt, alles ist bereit für den Abmarsch. Sie haben für den verrückten Marsch einen Kommandanten gewählt. Die Wahl fiel auf Sixpence, einen jungen Mann, den die Wirren des Lebens vorzeitig altern ließen. Er bringt die gewünschten Eigenschaften als Anführer mit. Er kennt das Dorf am Berg und hat dort schon gelebt. Er war beim Krieg der Portugiesen dabei und ist an lange Märsche und an die Geheimnisse der Wege gewohnt. Als Mann, der etwas auf sich hält, hat er in den Minen des *Rand* gearbeitet, Voraussetzung, um die Ehe mit der auserwählten Frau schließen zu können. Vor diesem verfluchten Krieg hat er als Jäger gearbeitet, und er kennt die Geheimnisse des Waldes. Sixpence ist überrascht über seine Wahl. Er hat Lust, nein zu sagen, findet aber nicht den Mut dazu. Er blickt um sich und stellt fest, dass in der Gruppe der Flüchtlinge nicht ein einziger kräftiger Mann übrig geblieben ist. Es sind Alte, Kinder und schwangere Frauen. Obwohl es ihm unangenehm ist, sagt er schließlich ja, um seine moralische und soziale Pflicht zu erfüllen. Der neue Kommandant wählt seinerseits den alten Levene als seinen Gehilfen. Kraft hat der nicht viel zu bieten, aber, da kennt er ihn gut, er ist der mutigste Mann der Welt. Er ist in seiner Jugend ebenfalls Jäger gewesen.

Die zwei Anführer versammeln das Volk und legen die Verhaltensregeln fest. Dann erheben sich alle und machen in den eingeteilten Gruppen die ersten Schritte in die Steppe. Sie haben den Weg durch den Wald gewählt, für eine geheime Reise ist das ideal. Sie bewegen sich wie Katzen vorwärts, schleichen von Baum zu Baum auf der Suche nach dem Schutz der nächtlichen Schatten. Der Weg ist verschlungen, der Marsch wird lange dauern, denn wichtiger als das schnelle Vorankommen ist der Rhythmus des Jagenden, um nicht selber gejagt zu werden. Von Zeit zu Zeit stehen sie still und horchen in den undurchdringlichen Wald, lernen seine Geräusche auseinanderzuhalten. Sie kommen gut vorwärts. Die nackten Füße werden von Gräsern und Dornen zerstochen und bluten. Die Äste der Gebüsche verfangen sich in den zerlumpten Kleidern und zerreißen sie. Auf dem trockenen Boden verrät das Rascheln der Blätter den Marsch der Flüchtlinge.

Auf dieser gespenstischen Reise geht die alte Minosse voraus, und nicht einmal die kräftigsten Männer vermögen ihrem Schritt zu folgen. Sie geht leicht wie eine Feder. Sie erschreckt alle. Das Unglück hat aus ihr eine tote Person gemacht, sie ist ein Gespenst. Gespenster haben keinen Körper und spüren kein Gewicht. Sie geht leicht und frei, ohne zu wissen, wohin sie geht.

Sie öffnen Pfade in der dunklen Steppe und kommen auf verschlungenen Wegen voran. Die Füße sind kühler, der Boden, den sie jetzt betreten, ist weicher, das Gras dicht und zart. Die Bäume, an denen sie vorbeigehen, haben auch unten

Zweige, große Blätter streifen ihre Gesichter und vertreiben den Schlaf wie ein kalter Wasserstrahl. Das Dickicht, in das sie nun eindringen, ist wie ein dichter grüner Vorhang, und wie Fische öffnen die Wandernden Wege in diesem Meer aus Gras und dringen langsam und vorsichtig vor. Die Zweigspitzen der Gebüsche sind wie Rasierklingen, sie ritzen die Haut auf und bringen sie zum Bluten. Der Wind rauscht in Wellen durch das Dickicht und umhüllt den entschlossenen Marsch der Menschen. Der Geruch der feuchten Erde steigt in die Nasen und erinnert an andere Zeiten und andere Orte.

Die Vorangehenden halten plötzlich an und geben den Hinteren Zeichen: Halt, da vorne droht Gefahr! Einige Schritte weiter vorn bewegt sich die Vegetation mit großer Heftigkeit. Die losen Blätter knistern unter den Bewegungen von kämpfenden Körpern. Man hört Gebrüll und Geschrei. Die Reisenden verstecken sich und warten. Die Männer halten ihre Buschmesser umklammert. Unendlich langsam verrinnen die Minuten. Die Angst nimmt zu, was wird geschehen? Sie erinnern sich mit einem Mal daran, dass sie ins Reich der Raubtiere eingedrungen sind. Nach vielen Minuten hört der Lärm auf. Es herrscht wieder Stille, der Kampf ist vorüber. Das Gebrüll der wilden Tiere ist nur noch aus der Ferne zu hören, die Löwen und die Hyänen haben sich verzogen und verschlingen ihre Mahlzeit. Die Dorfbewohner beruhigen sich, bleiben aber noch in ihren Verstecken. Sie überlegen. Sie entdecken, dass im furchteinflößenden Dickicht eine andere Seite des Lebens wohnt. Die Grillen singen und lieben, die Nachttiere sind auf Beutezug und führen ihr Leben weit weg von den Problemen der Menschen.

Die verstummten Reisenden finden die Sprache wieder. Sie beten, rufen Gott und die Verstorbenen an und schließen Sixpence in ihr Gebet ein. Verstorbene, gebt dem Kommandanten Sixpence Kraft, gebt Sixpence Mut, gebt Sixpence Geduld. Er hört angenehm berührt zu, aber bald darauf regt er sich auf. Die Unglücklichen sollen zuerst einmal für sich selbst beten und ihn in Ruhe lassen. Laut ruft er nach seinen Gehilfen und befiehlt:

»Levene, sorg dafür, dass diese Herde den Mund hält. Bin ich denn irgendein Messias?«

»Beruhige dich, mein Alter, im Leben braucht man Geduld.«

»Fang nicht auch noch an zu jammern, du alte Eidechse. Tu, was ich dir gesagt habe.«

»Okay, Meister, zu Befehl!«

Levene versucht, die Betenden zu beruhigen, doch die Menschen wehren sich dagegen, in diesem feierlichen Moment unterbrochen zu werden. Ein unzufriedenes Murmeln erhebt sich. Die Gräser wiegen sich zufrieden im Wind. Eine sehr alte Frau nähert sich Sixpence und fragt ihn:

»Was war los, mein Junge?«

»Nichts Besonderes, denke ich. Es muss ein Raubtier gewesen sein, das seine Beute zerrissen hat.«

»Mein Gott, ich hab doch immer davon geträumt, auf meiner Matte, umgeben von meiner Familie zu sterben. Glaubst du, dass auch ich sterben werde, mein Junge?«

Auch das noch! Es reicht nicht, dass sie mich zum Anführer von wandelnden Leichnamen gemacht haben, nun soll ich ihnen auch noch ihr Schicksal vorhersagen. Verfluchte Alte. Sixpence ärgert sich über alle und über alles. Er hat Lust, eine boshafte Antwort zu geben, doch er beherrscht sich, um seine Absicht nicht durchscheinen zu lassen.

»Das darfst du nicht denken, Großmutter. Man stirbt, wenn die Stunde dafür gekommen ist.«

»Aber denkst du nicht, dass meine Stunde jetzt schlagen wird?«

»Frage Gott.«

»Ach, ich habe Lust, zu weinen. Ich fühle, dass wir nirgendwo ankommen werden und dass ich hier, weit weg vom Familiengrab, begraben werde.«

»Du kannst weinen, aber leise, und hör auf mit deinen dummen Fragen, Großmutter.«

Sixpence ist traurig. Er spürt seine Beine schwach werden, und in seinem Kopf tanzen wirre Gedanken. Er findet sein Gleichgewicht wieder, indem er sich an einen Baumstamm lehnt. Die mondklare Nacht ist ein Traum, schöner als eine Liebesnacht. Der Wind weht stärker und dringt schließlich in seine Adern, ein ungestümer Schwall von Blut steigt in seinen Kopf. Er fühlt sich schwindlig, denkt nach, beklagt sich bei sich selbst. Wenn ich die Launen des Schicksals kennen würde! Wenn ich das vorher gewusst hätte, wäre ich wie die anderen weit über die Grenzen meines Landes hinaus ausgewandert. Ich habe mich an die Tradition gehalten, hielt mich für gut und habe meine Pflichten gegenüber der Gemeinschaft erfüllt. Ich wollte meine alten Eltern beschützen, aber sie wurden mir durch die Kugeln entrissen. Ich wollte der bestmögliche Ehemann sein, doch da hat der Tod meine Frau und die Kinder geerntet, als ob sie aus Stroh gewesen wären. Jetzt stecke ich in diesem verfluchten Tunnel ohne Lichtschalter und Atemgerät und führe eine Herde unnützer Alter an, die noch die irre Hoffnung auf ein Stückchen Leben in der Brust bewahren. Wie wenn sie zu leben wüssten. Wie wenn sie in Wirklichkeit einmal die Bedeutung des Wortes Leben gekannt hätten. Sie wissen nicht, dass sie sich mit geschlossenen Augen in den Tod stürzen, und ich bin ihr Anführer. Was glauben sie, das sie auf der anderen Seite der Erde antreffen werden? Sie wandern, um ihr Elend zu verlängern, wir wandern alle, Gott hat uns eine Plage geschickt, einen Dorn, einen Fluch ins Schicksal jedes Schwarzen gesät. Er schaut um sich, vertreibt seine dunklen Gedanken und befiehlt den Abmarsch.

»Levene, alles ist ruhig. Führ die Männer an, wir marschieren weiter.«

»Weshalb warten wir nicht noch ein wenig?«

»Kopf hoch. Die Beute ist gemacht, und nun ist die ganze

Bande am Fressen. Wir haben nichts zu befürchten, gehen wir vorwärts.«

Und der Marsch geht weiter, noch geheimnisvoller und schweigsamer. Der Morgen bricht an, eiskalter Tau fällt. Als die Decke der Nacht sich hebt, verstecken sich die Menschen wie Flüchtlinge, wie Kriminelle, die Angst haben, von der Polizei entdeckt zu werden.

Sie wandern eine Nacht, zwei Nächte. Am Ende der dritten Nacht entdecken die müden Augen der Pilger eine Lichtung. Alle Empfehlungen ihres Meisters vergessend, stürzen sich die Wanderer darauf. Es ist sehr kalt, und sie brauchen ein wenig Sonne. Sixpence reagiert heftig und weist sie zurecht:

»Die Lichtung ist eine Falle. Sucht euch ein Plätzchen in den Höhlen und unter den Ästen der Bäume. Wir sind Tiere des Waldes, Leute!«

Der Magen verlangt eine warme Mahlzeit. Wieder ist Sixpence dagegen. Der Wald bietet alles an: Knollen und wilde Früchte, um den Hunger zu stillen. Wasser ist noch genug in den Feldflaschen vorhanden. Einige kauen an ihrem Groll gegenüber ihrem Kommandanten herum, er ist ein unmenschlicher Despot, hat kein Mitleid mit den ausgehungerten Alten und Frauen. Sie essen, was sie noch von zu Hause mitgebracht haben, und ruhen sich aus.

Sie schlafen ein. Die Sonne steigt höher, und die Vögel singen. Die Dorfbewohner ruhen ihren Körper aus, aber die Seele schweift in andere Gefilde des Lebens. Der Schlaf ist unruhig, er führt sie zurück, lässt sie den Tod nochmals erleben. Einige Körper zittern verkrampft, die Muskeln ziehen sich zusammen im Frösteln und den Alpträumen der früheren Nächte.

Doane schläft nicht, er liegt neben seiner Frau und denkt an sie. Das erwünschte Kind reift heran und wird bald zur Welt kommen, beim nächsten Neumond. Und wenn es jetzt geboren würde? Wer garantiert mir, dass sie den Termin richtig ausgerechnet hat? Er betet zu Gott, er solle nicht die Unvorsichtigkeit begehen und zulassen, dass sein erstes Kind im Dickicht, inmitten so vieler Gefahren zur Welt komme. Er betrachtet seine Frau. Sie schläft einen leichten Schlaf, die Hand auf dem Bauch, der von unregelmäßigen Bewegungen erschüttert wird. Er fühlt sich schlecht. Neben ihr findet er keine Ruhe. Er geht weg und sucht sich ein anderes Versteck.

Halb schlafend hören einige das schmerzvolle Stöhnen einer Frau. Sie wachen auf. Ängstlich schauen sie um sich und entdecken sie. Ein Unglück. Vielleicht hat sie auf der Höhle einer Mamba geschlafen. Die Nächsten gehen zu ihr hin. Sie wälzt sich und blutet, aber niemand kann eine Wunde entdecken. Sie schauen gleichgültig auf den dicken Bauch, merken nichts. Sie spricht und erklärt. Mein Gott! Sie bekommt hier das Kind. Sie wird schreien, bis es ans Ohr der wilden Tiere dringt. Bringt sie zum Verstummen! Die alten Frauen nähern sich und bringen sie an einen relativ sicheren Ort. Doane erwacht plötzlich, jemand hat ihn geweckt. Die Frauen wechseln eilige Worte. Die dreisten Grillen schweigen, um den flüsternden Stimmen der Menschen Platz zu machen.

»Fluch der Geister«, schreit Doane, »ausgerechnet hier, unter solchen Gefahren! Man muss diese Geburt verhindern, wir müssen sie verzögern, das Kind darf nicht geboren werden.«

»Ruhig, Doane, alles wird gut gehen.«

»Aber das Kind wird schreien, und wenn der Feind in der Nähe ist, wird er wissen, dass wir hier sind, er wird uns aufspüren und vielleicht massakrieren. Wir werden alle sterben wegen diesem Kind, das meines ist.«

»Hör zu, Doane, es sind schon so viele gestorben, und es war niemandes Schuld. Beruhige dich, bitte.«

Doane lässt den ganzen Krug Tränen fließen, den er in sich trägt. Seine großen Augen überziehen sich mit einem Nebel aus Blut. Er durchbohrt seine Frau mit dem Blick eines Verrückten und überschüttet sie mit tödlichem Hass, weil die Geburt dieses Kindes seinen Tod bedeuten kann, falls der Feind in der Umgebung umherstreift. Nervös bewegt er seine Hände. Die Finger zittern im unerträglichen Wunsch, sich um den dünnen Hals der stöhnenden Frau zu legen, bis der Körper unter dem Druck der würgenden Finger ermattet auf den Rasen sinkt. Und das verfluchte Kind im Bauch der Mutter stirbt. Dann würde er auf den Berg fliehen und eine neue Familie gründen, vielleicht sogar eine hübschere und jüngere Frau heiraten als diese hier. Ein verrücktes, erschreckendes Lächeln zeichnet sich auf seinem Gesicht ab, während ihm der Schweiß über Stirn, Brust und Haare rinnt. Die hastigen Gesten der alten Frauen wecken ihn aus seinem teuflischen Traum. Er erhebt die Augen zum Himmel und erfleht die göttliche Barmherzigkeit, er ist noch zu jung zum Sterben. Lieber soll das Kind, das gerade geboren wird, sterben, denn morgen kann er ein neues machen mit einer hübscheren und angenehmeren Frau. Die Angst wird von Überraschung und Panik abgelöst. Voller Entsetzen öffnet er den Mund und zeigt mit dem Finger in die Luft. Er sieht Vögel am Himmel. Sie sind riesengroß, schnell, es scheinen Geier zu sein. Sie machen einen ohrenbetäubenden Lärm und fliegen in einer Fünfergruppe. Sie fliegen immer tiefer und scheinen dasselbe Ziel zu haben. Die alten Frauen vergessen für einen Moment die Geburt und schauen zum Himmel. Das sind keine Vögel, es sind Kampfflieger, jetzt fliegen sie über ihre Köpfe, bedrohlicher als alle Geier. Sie haben ihre Zielrohre ausgerichtet, um die Erde mit flüssiger Lava zu tränken, sie fliegen in Richtung der untergehenden Sonne. Hinter sich lassen sie einen Taifun zurück, der die obersten Äste der Affenbrotbäume wegreißt und den Wald in einer Welle unheimlichen Aufruhrs zurücklässt.

Die Ruhe der Gruppe ist unterbrochen. Die schlaftrunkenen Männer schütteln die Köpfe, um den schrecklichen Alptraum zu vertreiben. Sie reiben sich die Augen, um klarer zu sehen, und erblicken nur die Zerstörung an Bäumen und Blättern, denn die Helikopter sind mit der Geschwindigkeit einer Sternschnuppe vorbeigeflogen. Sie stehen auf und versuchen zu fliehen, doch die Stimme von Sixpence hält sie zurück:

»Sucht einen Unterschlupf, versteckt euch, haltet still!«

Nur Doane hört nicht auf ihn, die Neugier raubt ihm den Verstand. Er klettert auf den obersten Ast des Feigenbaums, um das Schauspiel zu betrachten. Eine erste Explosion ist zu hören, die Erde und Menschen betäubt und erzittern lässt. Mit entsetzten Augen suchen sie nach den Zeichen des Sturms, man sieht keine Menschenseele, und sogar die vorwitzigen Grillen haben ihren Gesang unterbrochen. Nur das zunehmende Dröhnen des Feuers ist zu vernehmen, und es vergrößert die Ungewissheit der versteckten Menschen, die sich nach dem Grund für diese Wut fragen. Die Geschichte von Mananga verstehen sie; es war wegen Sianga und seinen Kumpanen, es war wegen des Hungers und der Dürre, aber hier? Wenn die Erde grün und frisch ist und es mit Sicherheit regnet, warum schlagen sich die Menschen? Der Krieg ist weitaus komplizierter, als dass ein gewöhnlicher Dorfbewohner ihn verstehen könnte. Das Dröhnen lässt nach und macht dem unablässigen Gesang der Maschinengewehre Platz. Wieder gibt es eine starke Explosion, und ein Feuerball zeichnet eine leuchtende Straße in die Luft und geht gefährlich nah beim Stamm eines Eukalyptusbaums nieder, der Feuer fängt und auch die umliegenden Sträucher entzündet. Schreie sind zu hören. Der alte Theni und seine kleine Tochter, die dort Unterschlupf gesucht hatten, entkommen wie durch ein Wunder. Wie Ratten auf der Flucht verlassen die Flüchtlinge ihre alten Verstecke und suchen neue, die sicherer sind.

Die Gebärende, halb tot vor Angst, will um Hilfe rufen, aber sie kann nicht, die Stimme versagt ihr. Mit einer unglaublichen Anstrengung versucht sie, aufzustehen und zu fliehen, sie ist allein, die alten Frauen haben sie verlassen. Mit Hilfe der Arme richtet sie den Oberkörper auf, winkelt das rechte Bein an,

doch das linke versagt ihr den Gehorsam. Sie ist unfähig aufzustehen. Stattdessen öffnet sich der Weg, durch den das neue
Leben kommt. Das Köpfchen des Babys ist schon draußen. Die
alten Frauen vergessen ihre Angst und nehmen die unterbro-
chene Arbeit wieder auf.

Eine neue Explosion erschüttert den Wald. Im gleichen
Augenblick erfüllt der Schrei des Lebens das misshandelte Dickicht. Zwei Leben grüßen sich an der Wegkreuzung. Eines,
das geht, und eines, das kommt. Während auf jener Seite Leben
ausgehaucht werden, wird auf dieser Seite neues Leben geboren und bewahrt den Samen der Hoffnung.

Oben auf dem Baum hat Doane das ganze Schauspiel beobachtet. Er kommt herunter und scheint erschrockener als je
zuvor. Er vergisst den Tod und schreit atemlos:

»Die Helikopter, die vorbeigeflogen sind, haben mehr
Feuer gespuckt als alle Drachen zusammen, ich hab's gesehen.
Schaut die Wolke, die sie hinterlassen haben. Das ist enorm,
unglaublich, phantastisch!«

Die benommenen Dorfbewohner heben die Augen zum
Himmel. Die Wolke steigt auf, breitet sich aus, und langsam
verschlingt sie der Himmel. Doane rennt hin und her und er-
zählt, was er gesehen hat. Seine Stimme überschlägt sich wie
die eines glücklichen Kindes. Zwei Männer kommen aus ihrem
Versteck und packen ihn an den Armen, fesseln mit einem
Strick seine Hände, knebeln ihn und verbinden ihm die Augen.
Sie stellen ihn ruhig. Er ist verrückt geworden.

Während die alten Frauen ihre Arbeit beenden, fertigen
die Männer aus trockenen Zweigen eine Bahre, die Wöchnerin
hat zu wenig Kraft für einen langen Marsch. Es fehlt wenig bis
zum Sonnenuntergang, eine knappe Stunde nur. Die versteckten Menschen zittern vor Angst, diese Stunde ist länger als die
Ewigkeit. Die Reisenden wissen nicht, wo sie sind, aber es ist
mehr als sicher, dass sie in der Nähe des Verstecks jener sind,
vor denen sie fliehen. Die Helikopter haben ihre Bomben ganz

in der Nähe abgeworfen, und die leichten Waffen waren genau zu hören.

»Die Männer, vor denen wir fliehen, wurden in die Knie gezwungen und müssen auf der Flucht sein. Es ist besser, wenn wir von hier verschwinden, bevor die Sonne untergeht«, sagt Sixpence.

Die Pilger ändern die geplante Route, um unangenehme Begegnungen zu vermeiden.

Das Herz der jungen Mutter hüpft vor Freude, sie ist glücklich. Sie legt das Kind an ihre Brust, um zu verhindern, dass es schreit. Sie ist stolz. Das Kind wird den Namen des Vaters tragen, der in der Stunde der Geburt verrückt geworden ist. Es wird gut und stark sein wie er. Wird es überleben? Die Kinder, die in diesem verfluchten Krieg gestorben sind, waren nicht anders als dieses, oder vielleicht waren sie sogar besser. Die Mutter streichelt den Kopf des Kleinen. Er passt in ihre Handfläche, ist nicht größer als eine wild wachsende Orange. Er ist sehr dünn, sehr dunkel, sehr zerbrechlich, aber sie entdeckt keine Fehler an ihm und umarmt ihn mit unglaublicher Zärtlichkeit. Er ist nackt, doch bei der Hitze ist das Fehlen von Kleidung kein Problem. Plötzlich wird die junge Frau traurig, schlägt die Augen nieder und weint beschämt. Die Ziege gebärt nicht mitten in der Herde. Der Erzeuger sieht nur die grüne, lebendige Pflanze, denn die Erde versteckt die Geburtsszene. Fremde Männer haben ihre geheime Tätowierung gesehen, sie werden impotent und steril werden. Kinder, die den Ort, aus dem sie geboren wurden, gesehen haben, wachsen blind und stumm auf.

Der Marsch geht weiter, doch eine Gruppe bleibt zurück. Sie suchen Doane, wo ist er geblieben? Wir haben ihn hier mit gefesselten Armen und Füßen zurückgelassen, er kann nicht geflohen sein. Vielleicht hat ihn jemand von uns befreit, aber wer? Sie suchen ihn überall. Eine Boa hält beim grünen Micaiabaum ihren Nachmittagsschlaf. Der eingerollte Körper bildet ein Monument, so majestätisch wie der Stamm eines Affenbrotbaums. Neben ihr sind Spuren des Kampfes zu sehen. Doanes Schuh liegt da, erkennt einer der Dorfbewohner. Oh, Leute, Doane ist von der Boa verschlungen worden!

Mit Äxten und Buschmessern schlitzen sie dem Tier den Bauch auf, und die Überraschung ist noch größer. Im Bauch des Tieres befindet sich ein weiterer Körper. Ein Kind. Die Tochter von Essi. Das Schicksal ließ sie nicht neben ihrer Mutter am Feuer sterben, sondern ihr Leben im Magen eines Reptils beenden.

Die Toten werden hastig begraben. Die Augen bleiben trocken, und statt Tränen zeigen die Gesichter einen Ausdruck von Entsetzen und Ekel. Wie eine Welle auf dem offenen Meer geht ein Rauschen durch die Vegetation, und der Wind stimmt ins Weinen der Götter ein. Es ist ungewiss, ob sie ankommen werden, absolut ungewiss.

Aus: Wind der Apokalypse
Aus dem Portugiesischen von Elisa Fuchs.

ZUM GEDENKEN AN ...

Gilbert Gatore / Ruanda

Für gewöhnlich genügt ein Detail, und Nikos Geist verliert sich in endlosen Abschweifungen. Jetzt allerdings ruft nichts von dem, was um ihn herum geschieht, einen Gedanken in ihm hervor. Er versucht nicht herauszufinden, weswegen die Affen ihm böse sind oder ob er ihr Verhalten ihm gegenüber zu Recht als Vergeltung beziehungsweise Bestrafung deutet.

Seine einzige Sorge besteht darin, sich so zurückhaltend wie möglich zu geben, sich vor den Affen und vor allem vor der strengen Äffin unsichtbar zu machen. Als sie ihn so heftig geschüttelt hat, war ihm so schwach zumute, dass er eine nie zuvor gekannte Angst empfunden hat. Natürlich wird ihm diese Zurückhaltung nicht deutlich befohlen oder geraten. Er spürt es. Es gilt, sich vollkommen zu unterwerfen oder eine noch schwerere Strafe zu erhalten als die Vertreibung aus seiner Schlafstatt. Er bemüht sich, indem er alle unnützen Gedanken aus seinem Geist verbannt und ganz allgemein jede Initiative vermeidet. Als seine Fantasie sich kurz seiner Wachsamkeit entzieht, sieht er sich selbst als das letzte Beinchen einer Raupe, das nichts anderes tut, als der Bewegung aller Vorangehenden zu folgen, und gleichgültig ist gegenüber Gedanken, Unruhe und Gefühlen, denn schlussendlich hat es nur den anderen zu folgen.

89. Wenn Niko als Erster aufwacht, bleibt er reglos liegen, bis der Großteil der Gruppe sich zu rühren beginnt, sodass er sich strecken kann, ohne Aufmerksamkeit zu erregen. Auch sein Schnarchen ist nie das erste, das in der Höhle widerhallt. Und wenn er Hunger hat, äußert er es in keiner Weise, da es ihm nicht erlaubt ist zu essen. Das jedenfalls folgert er daraus, dass er jedes Mal geschlagen wurde, wenn er es beinahe geschafft hätte, etwas zu sich zu nehmen. Die Äffin mit dem Kind führt die Gruppe auf ihrer abendlichen Suche nach Nahrung an. Niko kann dem Trupp folgen, solange er achtgibt, ihr weder zu nahe zu kommen noch zurückzufallen. Er beobachtet die Affen beim Essen, hat aber selbst nur das Recht, einen Kiesel zu lutschen, um etwas Spucke im Mund zu haben und so seinen Durst zu löschen. Wenn er einen Gedanken hat, bemüht er sich, ihn so schnell und weit wie möglich zurückzudrängen, um ganz präsent, ganz unterworfen zu bleiben. Dazu hat er schließlich eine fast unfehlbare Technik entwickelt. Sobald ihn ein Gedanke streift, richtet er seinen Blick auf den Kadaver des Affen, der nicht weit entfernt von ihm hängt und inzwischen so ausgeleiert und vertrocknet ist, dass er nur noch wie eine ausrangierte, alte Marionette aussieht. Dieses Bild erfüllt ihn mit tiefer Resignation. Und während er die Höhle und die Affen mit fremden Augen betrachtet, wird er wieder leer.

90. Ohne ungeduldig zu werden, wartet er auf das Zeichen, was als Nächstes zu tun ist, und das Warten weckt in ihm das Gefühl, in einen neuen Zustand hinüberzugleiten.

91. Das Warten wird seine einzige Beschäftigung und schafft so eine neue Zeitdimension.

92. Wenn das Warten in Langeweile umschlägt, spielt er. Er hat den Eindruck, dass die Affen dasselbe tun. Nach einer Zeit der Meditation, Verdauung oder Ruhe balgen sie sich, ver-

folgen einander unter schrillem Geschrei oder putzen sich das
Fell. Niko aber, der sich vor allem darum sorgt, so unsichtbar
wie möglich zu sein, spielt nur mit sich selbst. Dabei entdeckt
er bis dahin unbeachtete Eigentümlichkeiten an sich. Beispiels-
weise, dass das Fleisch zwischen Haut und Knochen beträcht-
lich geschrumpft ist. Wo er sich auch anfasst, außer an Hals,
Bauch, Gesäß und Geschlecht stößt er direkt auf einen Knochen. Und wenn er mit dem Finger an irgendeiner Stelle hin-
eindrückt, bleibt ein Abdruck zurück wie in Wachs oder Lehm.
Er versucht nicht, darüber irgendwie nachzudenken. Es ist lediglich ein Mittel, beim Warten die Zeit zu vergessen ...

93. Würde ein Geist in der Höhle auftauchen, wäre er zunächst überrascht, inmitten einer Gruppe von Affen einen
Menschen vorzufinden. Er hätte den Eindruck, als wäre dieser
sichtlich eingeschüchterte und unterernährte Mann eine Gei-
sel, zumindest würde er einen Moment lang vermuten, dass es
sich um einen jener wilden Menschen handelt, von deren Existenz gewisse Erzählungen berichten. Auch wäre der unsichtbare Besucher über den Geruch erstaunt, der die ganze Höhle
erfüllt und dessen Ursprung die auffällig platzierte, plumpe
Mumie eines Affen sein muss. Schließlich würde er eine Äffin bemerken, die oben in einer Ecke des Raumes in einer er-
staunlich gut befestigten und mit viel Sorgfalt hergerichteten
Schlafstatt sitzt. Diese Szene würde in dem doch sehr nüchter-
nen Eindringling ein Gefühl der Unsicherheit wecken. Und so
würde der Geist, weil er es könnte, ohne irgendwen zu stören
oder überhaupt bemerkt zu werden, so schnell wie möglich das
Weite suchen.

94. »Lieber Mitwisser, wir sind nun bei einer unangeneh-
men Passage angelangt. Niko ist gezwungen, sich der absoluten
Passivität auszuliefern. Er lässt uns mit der Feststellung allein,
dass es nicht ausreicht, für sein Glück nichts zu verlangen und
allein zu bleiben, um seine Seelenruhe zu sichern. Ist Nikos
Untätigkeit ein Verzicht auf die Hoffnung, in Frieden zu le-

ben, und seine Zurückhaltung ein Versuch, sich selbst auszulöschen, nicht nur in den Augen der Affen, sondern auch vor der Welt? Unterwirft er sich, weil er überzeugt ist, dieses Schicksal zu verdienen? Ist seine Zurückhaltung eine Art zu sterben? Ist der Tod die Vollendung der Zurückhaltung? Eines jedenfalls ist sicher, unsere Anwesenheit ist ihm keinerlei Hilfe. Möglicherweise trägt sie zu seiner Qual bei. Lassen wir ihn also über das Weitere nachdenken, und versuchen wir zwischenzeitlich, ihn besser kennenzulernen.«

*

Als sie zwischen den Werbebroschüren einen großen Umschlag mit dem blauen Logo der Stiftung entdeckte, hatte sie keinen Zweifel. Es war die Antwort, und sie wartete nicht, bis sie wieder oben in ihrem Zimmer war, um das Kuvert zu öffnen.

»Mademoiselle«, begann der Brief, und die unsichtbaren Hände ihrer Erinnerung streichen, um besser lesen zu können, die Knicke glatt. »Ihr Projekt hat unter den Mitgliedern der Kommission zur Stipendienvergabe einen nie da gewesenen Dissens hervorgerufen. Aus diesem Grund antworten wir Ihnen auch nach dem angekündigten Termin. Wir bitten Sie, dies zu entschuldigen.« Als sie diese Worte las, war sie, so erinnert sie sich, überrascht von der Aufmerksamkeit darin. Ihr Dossier war offenbar ziemlich gründlich gelesen worden, wenn es eine so heftige Diskussion entfacht hatte, wie es der Brief nahelegte. Sie hatte einen Standardbrief erwartet, in dem sie erfahren hätte, dass ihr Projekt, so bedeutsam es auch war, nicht den Kriterien der Stiftung entsprach. »Der Wunsch, eine Dokumentation zu einem der einschneidendsten Ereignisse des 20. Jahrhunderts zu erstellen, ist selbstverständlich lobenswert. Dennoch waren wir uns nicht ohne Weiteres sicher, ob 1.) diese an sich edle Initiative nicht Konsequenzen nach sich ziehen würde, die ihrer eigentlichen Absicht zuwiderlaufen, und 2.) ob Sie selbst über die Voraussetzungen verfügen, das Projekt zu einem erfolgreichen Abschluss zu bringen. Was den ersten Punkt anbelangt, so wurde von einigen Mitgliedern vorgebracht, das Bewahren von Spuren einer solchen Vergangenheit laufe darauf hinaus, die Menschen daran zu hindern, das Kapitel abzuschließen, und ihnen diese Narbe und die Erinnerungen, die sie in jedem von ihnen wachruft, weiterhin bewusst zu halten. Um über den zweiten Punkt entscheiden zu können, sind wir der Meinung, Sie persönlich treffen zu müssen.« Bis jetzt war ihr noch nicht klar, was man ihr anzukündigen versuchte, eine Ablehnung oder eine Zusage. »Ihr Projekt hat noch viele weitere Vorbehalte ausgelöst, von denen aber keiner so schwerwiegend war, dass wir das Projekt ganz hätten fallen lassen.« Bei diesen Worten atmete sie auf.

Bevor sie weiterlas, musste sie dem aufdringlichen Blick der Concierge standhalten, die ihr Aussehen ganz offenkundig missbilligte. Diese hatte sie seit Langem nicht gesehen, und es musste sie schockieren, sie so zu sehen. Ihr Haar sah aus wie ein auf dem Kopf deponierter Haufen Stahlwolle. Ihr aufgeschwemmtes Gesicht war nicht wiederzuerkennen und hatte keinerlei Ähnlichkeit mehr mit dem, was der Concierge bei jeder ihrer Begegnungen ein neues Kompliment entlockt hatte. »Was für eine Schönheit!«, hatte sie eines Tages ausgerufen. »Wie hat Gott es geschafft, so viel Anmut in einer einzigen Person zu vereinen?« Heute aber sah die Frau sie mit einer Mischung aus Furcht und Neugierde an wie ein Kind, das des Nachts in seinem Zimmer eine Gestalt anstarrt und herauszufinden versucht, ob es noch immer ein aufgehängtes Kleidungsstück ist oder eben doch ein Gespenst. Als die Augen der Concierge schließlich hinter einer Tür verschwanden, setzte Isaro ihre Lektüre fort. Sie erfuhr, dass die Stiftung ihr das Hauptstipendium verlieh, dass aber – und das war seit ihrer Gründung beispiellos – der Erhalt des Geldes an gewisse Forderungen geknüpft war. »Das Stipendium wird Ihnen nur unter der Bedingung ausgezahlt, dass Sie einwilligen, nicht nur mithilfe der Stiftung zu agieren, sondern mit ihr und in ihrem Namen. Der Grundgedanke ist grob gesagt der, die Finanzierung in eine Partnerschaft umzuwandeln.« Sie war durch das Gelesene so verunsichert, dass sie einen Augenblick lang dachte, es handle sich um einen Scherz. Der Brief endete mit praktischen Hinweisen zur Terminabsprache mit dem Stiftungsvorsitzenden, damit sie sich so schnell wie möglich vorstellen konnte.

Sobald sie wieder in ihrem Zimmer war, rief sie an und machte ein Treffen für den folgenden Tag aus.

Was an jenem Tag, den sie sich in Erinnerung ruft, dann geschah, hat etwas von einer Wiederauferstehung. Zum ersten Mal, seit sie sich so völlig zurückgezogen hatte, dachte sie darüber nach, wie sie sich präsentieren sollte. Keines ihrer alten Kleidungsstücke passte ihr mehr. Sie zwängte sich in einige hinein, dann entschloss sie sich, neue kaufen zu gehen. Als sie sah, wie ihr einst so disziplinierter Körper sich ihr so offen widersetzte, bekam sie Lust zu lachen, und sie hielt sich nicht zurück. Er hatte sie keineswegs im Stich gelassen, wie sie vielleicht gedacht hatte, vielmehr verbündete er sich mit ihr, indem er ihrer inneren Veränderung physisch Ausdruck verlieh. Seltsamerweise fühlte sie sich so besser als in dem kleinen Körper, in den sie sich allzu lange hatte pressen lassen. Sie war verblüfft über die Person, die sie nach dem Friseur in neuen Kleidern und frisch hergerichtet im Spiegel entdeckte. Während sie sich der Gestalt näherte, fragte sie sich, ob dieses Gegenüber wirklich sie war. Zum ersten Mal fand sie sich schön.

Diesem so heiß ersehnten Brief folgten Veränderungen wie die, so erinnert sie sich, dass sie es nicht mehr für notwendig hielt, sich einzuschließen. Sie machte sich nicht die Mühe, Leute zu treffen, aber sie verzichtete auch nicht mehr darauf, hinauszugehen und abends lange Spaziergänge durch die Stadt zu machen.

Ist es möglich, dass ihr Leben oder ihre Seele sich einer anderen Person angeschlossen hat? Kann es sein, dass sie die

Medikamente und den Sturz überlebt hat? Wer ist dieses begeisterte junge Mädchen, das sich am folgenden Tag dem Vorsitzenden der Stiftung und den Mitgliedern der Kommission
zur Stipendienvergabe vorgestellt hat? Noch heute kann sie
nicht mehr tun, als diese Fragen zu stellen, auf die es keine Antwort gibt.

Sie hatte einen herzlichen und aufmerksamen Empfang im
Geiste des Briefes erwartet. Nun, auch wenn niemand ihr mit
offener Feindseligkeit begegnete, waren die sieben Männer, denen sie gegenüberzutreten hatte, doch von einer Gelassenheit,
die sie aus der Fassung brachte.

Mit ihren neuen Augen sieht sie die Szene, würdevoll und
lächerlich, wieder vor sich. Der Mann, der sie, ohne sich vorzustellen, hereingebeten hatte und an seinen Platz in der Mitte
der Jury gegangen war, bat sie, ihnen ihre Idee noch einmal darzulegen. Auf diese Bitte hin zuckte sie zusammen. Hatten sie
das Dossier nicht gelesen? Wussten sie denn nichts von dem
Brief? Waren sie über irgendetwas im Bilde? Statt ihnen diese
Fragen zu stellen, grüßte sie sie und dankte ihnen für ihre Aufmerksamkeit: »Ich fühle mich ausgesprochen geehrt, hier vor
Ihnen zu stehen, um ein Projekt zu verteidigen, das mir sehr am
Herzen liegt. Welchen Ausgang unsere Diskussion auch nehmen mag, ich bin Ihnen schon jetzt dankbar, dass Sie meiner
Idee Ihre wertvolle Aufmerksamkeit geschenkt haben«, muss
sie in etwa gesagt haben. Der Mann ganz zu ihrer Rechten
schien sich darüber im Klaren zu sein, dass sie mit dem ganzen Zeremoniell lediglich versuchte, Zeit zu schinden und ihre
Gedanken zu ordnen. Er stützte den Ellenbogen auf den Tisch
und seufzte laut. Daher kam sie zum Wesentlichen, in Worten,
die wohl so oder so ähnlich lauteten: »›Zum Gedenken an …‹
ist ein Projekt, das sich mir großenteils noch immer entzieht.
Der Gedanke liegt natürlich nahe, dass mein Ursprung, meine
Geschichte, meine Ausbildung und was weiß ich es mir vorherbestimmt hätten, dieses Projekt in Angriff zu nehmen. Mir

scheint das nicht so offensichtlich. Ich will damit sagen, ich gehe dieses Projekt nicht mit unerschütterlicher Selbstgewissheit an und begreife Ihr anfängliches Zögern, mir dieses Stipendium zu verleihen oder auch nicht, das Sie vielleicht auch in diesem Moment noch umtreibt.« Sie jubelte innerlich, denn die Worte waren schon immer ihr Lieblingsspielzeug gewesen. Sie hielt kurz inne, um zu sehen, ob jemand Zustimmung oder Ablehnung zeigte. Da sie nichts dergleichen sah, fuhr sie fort: »Gleichwohl berührt dieser Zweifel nicht meine eigene Sichtweise des Projekts, welches ich nicht nur als passend, sondern auch als notwendig und dringlich erachte.« Mit Nachdruck artikulierte sie jedes der drei Adjektive, die sie zuvor auf einem Zettel notiert hatte, für den Fall, dass man sie nach dem Nutzen ihres Vorhabens fragen würde. »Passend, weil die Zeit es nun zulässt, die Massaker, die das Land in Blut und Trauer haben versinken lassen, als Vergangenheit zu betrachten.« An diesem Punkt wusste sie, dass sie log, das Ereignis lag zeitlich gesehen zwar in der Vergangenheit, aber es war noch präsent, keine vergangene Vergangenheit. Sogar sie selbst trug noch, obwohl sie so jung war, ihren Stempel. Auch wenn sie in einer Umgebung lebte, in der die Ereignisse fast keine Erwähnung fanden, hatte sich die Erinnerung daran in ihr festgesetzt und war weiter gewachsen, statt zu verblassen und mit den Jahren ausgelöscht zu werden. Sie hatte versucht, das Gegenteil zu beweisen, was manche Gleichgültigkeit, Wiedergeburt, seelische Belastbarkeit nannten, aber tief in ihr hatte die Wunde nie aufgehört zu bluten und zu eitern, bis zu jenem Moment, als sie sie nicht mehr ignorieren konnte. Die Episode mit dem Radio hatte sie lediglich ans Licht gebracht.

Sie redete, ohne den Faden ihrer Argumentation zu verlieren: »Auch scheint dieses Projekt notwendig, da die Justiz aus Gründen, die zu beurteilen mir nicht ansteht, ihre Rolle nicht erfüllt. Dies hat zur Folge, dass sich Unverständnis und Verbitterung verstärken, woraus ein neuer Konflikt aufzukeimen droht. Die Gefängnisse sind die Verkörperung dieser Ohnmacht und dieser Gefahr. Aus diesem Grund muss genau dort angesetzt werden. Meine Absicht ist es, die Aussagen aller festzuhalten, die die Tragödie erlebt haben: Überlebende, Henker, Komplizen, Widerstandskämpfer. Ich will allen das Wort geben. Im Grunde geht es um eine Art Bestandsaufnahme der Erinnerung. Das Ergebnis soll in der Veröffentlichung eines monumentalen Buches, das die Gesamtheit der Erzählungen umfasst, Gestalt annehmen. Das Manuskript wird in elektronischer Form abgespeichert werden. Diese Datei muss natürlich so oft als nötig vervielfältigt und verteilt werden, um ihre Konservierung, was auch geschehe, sicherzustellen.«

Sie musste sich ereifert haben, denn vier der sieben Männer lehnten sich auf ihrem Stuhl zurück und verzogen das Gesicht, als wollten sie sagen, dass sie übers Ziel hinausschoss. Sie sieht noch vor sich, wie der Mann in der Mitte ihr ein Handzeichen gab und »Itonde ntacyo twari twakwangira« sagte. Seine Betonung und sein Akzent stimmten und riefen Bilder in ihr wach, die sie verloren geglaubt hatte. Sie wunderte sich, dass er ihre Muttersprache beherrschte, und um es nicht zu zeigen, trank sie einen Schluck Wasser aus dem Glas, das vor ihr stand.

Dann fuhr sie fort: »Ich habe Kontakt mit der Botschaft aufgenommen, die sich daraufhin bei der Regierung für mich eingesetzt hat. Sie erklären sich bereit zu prüfen, ob dieses Projekt mit der nächsten Volkszählung verbunden werden kann. Ich weiß nicht, ob eine solche Verknüpfung mit einer Amtshandlung gut wäre, oder ob sie nicht vielmehr das Vertrauen der Bevölkerung in die Unabhängigkeit der Initiative erschüttern würde. Wie dem auch sei, die Unterstützung der Regierung ist von grundlegender Bedeutung.

Nicht zuletzt halte ich dieses Projekt für dringlich, weil die Erinnerungen verblassen, weil diejenigen, die diese Zeit gekannt haben und in der Lage sind, sie in eine aufschlussreiche historische Perspektive zu setzen, langsam älter werden und weil die Gefängnisbevölkerung, mit der ich mich als Erstes beschäftigen möchte, zwischenzeitlich von Krankheiten dezimiert wird. Dabei möchte ich klarstellen, was vor allem mich dazu bringt, die Gefangenen treffen zu wollen: Es ist meine Überzeugung, dass man, um das Geschehene erfassen zu können, sich seiner Ursache nähern muss. Diese Ursache, so denke ich, tragen die Gefangenen in sich, jedenfalls jene unter ihnen, die zu Recht inhaftiert sind.« Sie sprach schnell und laut, versuchte aber nicht mehr, sich zurückzuhalten.

»Auch wenn ich bereit bin, notfalls mein Leben mit diesem Projekt zu verbringen, ist mir bewusst, dass dieses ohne Unterstützung von außen nicht zu einem erfolgreichen Abschluss gebracht werden kann. Abgesehen von dem für die Koordination erforderlichen Personal braucht es meiner Schätzung nach über einen Zeitraum von fünf Jahren fünfzig Mitarbeiter für die Befragungen und ebenso viele für die Transkription. Nach diesen fünf Jahren würden die Interviewer für anderthalb Jahre den endgültigen Text korrigieren. Die Herstellung des Buches schließlich würde einer noch zu bestimmenden Druckerei übertragen. Die Budgetkalkulation ist im Dossier detailliert aufgeführt.« Mit diesen Worten warf sie dem Fragesteller kaum verhohlen vor, ihr eine Argumentation abzuverlangen, die sie mit so viel Sorgfalt niedergeschrieben hatte und die er eigentlich gelesen haben sollte. Zum Schluss machte sie deutlich, dass sie nicht behauptete, mit dem Projekt »Zum Gedenken an ... « seien die Probleme des Landes zu lösen. Es ging lediglich darum, den Menschen einen Ort zu geben, an dem sie die Last, die sie trugen, ablegen konnten, dem Land den gemeinsamen Besitz dieser Erzählung zu ermöglichen und womöglich sogar den Hass, den die individuelle Erfahrung erzeugt hatte, darin aufzulösen. »Vielleicht ist es mein Traum, dass sich das dergestalt anerkannte Leiden jedes Einzelnen abschwächt und in einen neuen Zusammenhalt verwandelt«, schloss sie.

Dann kam der Moment für die Fragen. Die erste traf sie,

obwohl naheliegend, völlig unvorbereitet: »Welche Maße und wie viele Seiten soll das fertige Buch haben?« Die Stimme erwähnte, stolz auf den Witz, eine mögliche Taschenbuchausgabe. Sie antwortete, dass sie, was das mögliche Aussehen des Buches betraf, nur eine vage Vorstellung hatte. Diese Fragen wären dann mit dem Drucker zu diskutieren. Denn Größe und Seitenzahl würden ja vom gewählten Format abhängen. Alles, was sie damals wusste, war, dass der Bericht jedes Einzelnen höchstens um die tausendfünfhundert Zeichen haben durfte. Sie nutzte die Gelegenheit, um daran zu erinnern, dass es nicht darum ging, die Biografien der jeweiligen Personen zu schreiben, sondern darum, dass sie erzählten, was ihnen am wichtigsten erschien. Ob Erinnerung, Geständnis, Meldung, Gedicht oder Gebet, es wäre ein wertvoller Blick auf diesen Teil der Geschichte. Im Grunde sollte das Buch eine Sammlung all dessen werden, was die Menschen über ihr Erleben der Massaker zu sagen bereit waren. Zu einer Veröffentlichung als Taschenbuch beschloss sie, nichts zu antworten.

Ein anderes Mitglied der Jury fragte sie, wie sie vorhatte, die Objektivität und das Wohlwollen der Zeugenberichte sicherzustellen. Sie erinnerte daran, dass sie, wie in der Einleitung des Dossiers dargestellt, keine soziologische oder journalistische Arbeit vorzulegen gedachte. »Mir erscheinen selbst die Lügen der Menschen, ihre Auslassungen und Übertreibungen interessant. Vergessen Sie nicht, dass das Ziel dieses Unterfangens genau darin besteht, die Subjektivität herauszustellen, da in ihr Hass und Gewalt gründen. Ich glaube, dass wir nicht versuchen dürfen, das Grauen dieser Ereignisse an uns zu reißen, sondern dass wir auf es zugehen müssen. Es geht darum zu zeigen, wie die Menschen, die es erlebt haben, angesichts des Grauens und aus ihm heraus leben, und nicht, ihnen zu sagen, wie sie dies tun sollen.«

Der Mann, der sich seit Beginn der Unterredung Notizen gemacht hatte, ergriff nun das Wort und fragte, warum es ihr so wichtig war, dass das Ergebnis dieser Bestandsaufnahme der Erinnerung, wie sie es nannte, ein einziges und jederzeit zugängliches Buch wurde. Hatte sie die quasi unüberwindlichen technischen Schwierigkeiten ermessen, die die Herstellung eines solchen Buches darstellte? Sie antwortete, es sei unumgänglich, das so angelegte Gedächtnis materiell umzusetzen, denn jeder Einzelne sollte sich bewusst werden, dass seine Geschichte ernsthaft zur Kenntnis genommen wurde, zugleich aber auch erkennen können, dass sie, so dramatisch sie auch war, doch relativ blieb. Sie war nicht sicher, dass sie an diese Idee glaubte. Das Unglück des Einzelnen wird dadurch, dass es nur eines unter vielen ist, nicht gelindert. »Nichts wird darauf schließen lassen, wer was gesagt hat. Die Erzählungen werden anonymisiert. Die Menschen aber werden ihre Angehörigen wiedererkennen und vielleicht in den Worten der anderen Dinge entdecken, die es ihnen möglich machen, aus ihrem Gefängnis aus Scham, Verbitterung und Hass herauszufinden.« Davon abgesehen, fügte sie hinzu, zähle der Buchdruck nicht zu ihren Kernkompetenzen, und sie wolle sich auf das Urteil eines Spezialisten verlassen.

Zum Abschluss fragte sie der Vorsitzende, wann sie denn bereit sei aufzubrechen. »Ich bin mehr als bereit. Sofort«, antwortete sie, wobei sie an sich hielt, um nicht vor Freude laut loszuschreien. Das bedeutete schließlich, dass ihr das Stipendium sicher war, hatte sie zu verstehen gemeint.

Sie diskutierten noch ein wenig. Man musste für die Finanzierung weitere Partner finden. Die Stiftung würde sich darum bemühen und dafür sorgen, dass diese Projektphase zügig vonstattenging. Auch mussten umgehend die technische Machbarkeit eines solchen Buches und die Existenz oder der Bau eines Ortes, wo es ausgestellt werden sollte, geprüft werden.

Ein paar Tage später flog sie von Paris ab.

Aus: Das lärmende Schweigen
Aus dem Französischen von Katja Meintel.
Anm. d. Hg.: Das biblische Durchnummerieren der Absätze entspricht J. M. Coetzees Vorgehen in »Im Herzen des Landes«.

DEN KOFFER BRAUCHTE SIE NICHT

Maaza Mengiste / Äthiopien

Der Esszimmertisch trieb lang und breit zwischen ihnen und ließ in Dawit das Gefühl aufsteigen, wieder ein kleiner Junge zu sein. Unvermittelt schüttelte er den Kopf. »Ich verstehe es nicht«, sagte er. »Was ist passiert?«

»Das habe ich doch schon erzählt«, seufzte Yonas. »Sara muss es auch noch erfahren«, fügte er hinzu und blickte ins leere Wohnzimmer, als erwartete er, Hailu würde dort plötzlich auftauchen, »ich wollte es aber erst dir sagen.« Er wischte sich über das Gesicht und griff nach Dawits Hand.

»Das ist absurd«, sagte Dawit und zog seine Hand weg. »Warum bekommt er eine Vorladung ins Gefängnis? Wofür denn?«

»Kennst du niemanden, der helfen kann?« Yonas schlug die Hände über dem Kopf zusammen und bedeckte seine Augen. »Kennst du niemanden?«

»Wie konntest du ihn gehen lassen?« Dawit stand auf und sprach von oben herab auf Yonas' Kopf. Die Nachricht sickerte langsam durch. Sein Vater war im Gefängnis. »Warum hast du ihn einfach hingefahren?« Im Wohnzimmer sah er die eckigen Umrisse des kleinen Radiogeräts seines Vaters.

Yonas starrte in seine Hände. »Ich wollte ihn zurückhalten.«

»Du hättest mich wecken können.« Dawit ging ins Wohnzimmer und spürte, wie die Weite des Raumes ihn verschlang. Noch immer hatte er die schweren Gerüche von Moschus, Leiche, Staub und Schweiß in der Nase, hörte immer noch Mulus tiefes Wehklagen beim Anblick ihrer Tochter. Sich schneuzend betrachtete er den Sessel seines Vaters, das stumme Radio, die Leere von allem. »Ich hätte mitkommen sollen. Wir hätten irgendetwas tun müssen.«

»Du hättest auch nichts tun können, ich habe alles versucht«, flüsterte Yonas. »Ich musste ihn hinbringen. Sonst hätten sie uns geholt.«

»Ich gehe zum Gefängnis«, sagte Dawit.

»Ich habe alles versucht«, wiederholte Yonas mit düsterem Blick. »Ich durfte nichts tun.« Er überlegte kurz. »Und Mickey?«

Dawit dachte daran, wie Mickey damals reagiert hatte, als sie an der weinenden Ililta vorbeikamen und Mulu im Haus schreien hörten. Ihm kam die Erinnerung, dass der fette, feige Junge einfach weitergehen wollte, dass der dastand, zusah und schließlich weglief, als Dawit mit Fisseha kämpfte.

»Nein«, sagte er.

Yonas stand auf und schob seinen Stuhl an den Tisch. »Ich frage nicht dich.«

Das Wohnzimmer war immer noch von dem starken, reinen Geruch ihres Vaters erfüllt, dem Duft eines ordentlich gepflegten, stets würdevollen Mannes.

»Hat er nach mir gefragt?«, wollte Dawit plötzlich wissen.

Langsam stieg Dawit aus dem Auto seines Vaters und betrachtete das wuchtige Gefängnis, einen grauen Betonklotz, gebaut mit sowjetischem Geld. Der eingeebnete Boden, auf dem der

Bau stand, drohte unter dem ungewohnten Gewicht einzubrechen. Vor dem Eingang drängten sich Leute. Männer und Frauen, Mädchen und Jungen liefen durcheinander und kamen sich gegenseitig in die Quere, nur wenige bemühten sich, eine Art Warteschlange zu bilden. Sein Magen zog sich zusammen.

Ein kleiner Mann im Businessanzug schlug gegen die dicke Tür. »Macht auf! Macht die Tür auf! Wir gehen nicht weg.«

Dawit arbeitete sich zu ihm vor. »Mein Vater ist da drin. Haben Sie gestern Nacht einen großen Mann mit weißen Haaren reingehen sehen?«

Der Mann musterte ihn ungehalten und hämmerte weiter gegen die Tür. Dann fuhr er zu Dawit herum, deutete nach oben und sagte: »Das Fenster. Kommen Sie so hoch? Schauen Sie, ob man was erkennen kann.«

Was Dawit durch das kleine Oberfenster sah, ließ ihn in Schweiß ausbrechen. Der Büroraum, den er einsehen konnte, war ein Musterbeispiel für militärische Genauigkeit. Keine wilden Papierstapel auf schmutzigen, überladenen Schreibtischen. Keine Soldaten, die zusammenhockten, rauchten und Karten spielten. Keine Zigarettenstummel auf dem Boden. Der Raum war kahl und ordentlich wie ein leeres Hotel, mit blanken Böden und glänzenden Tischplatten. Dawit wandte sich wieder dem Geschäftsmann zu.

»Niemand zu sehen«, berichtete er.

»Aber sie sehen uns«, sagte ein Mann in der Uniform eines Wachmanns, der sich zu ihnen gesellte. Er zog an einer verbogenen Zigarette. »Es ist eine Schande! Jeden Morgen lassen sie uns hier stundenlang stehen, dann lassen sie ein paar rein.«

»Mein Vater ist da drin«, sagte Dawit. »Er bekam eine Vorladung.«

»Da hatten Sie noch Glück. Meine Tochter haben sie einfach aus dem Unterricht geholt«, erzählte der Wachmann. »Ich arbeite im selben Gebäude, sie nahmen den Hintereingang, ich hatte keine Chance, sie zu sehen.«

Dawit drehte sich weg. »Wo bringen sie die alle unter?«, fragte er in die schiebende Menge. »Suchen all die Leute hier nach Angehörigen?«

Der Wachmann nahm einen langen Zug von seiner Zigarette und blies den Rauch aus Mund und Nase. Er schüttelte den Kopf. »Es ist klein da drinnen.«

Die Stimmen verebbten, und es wurde still. Auf dem Parkplatz holte eine junge Frau im geblümten Kleid einen Koffer aus ihrem Auto. Über dem Arm trug sie eine Kostümjacke und stöckelte auf schmalen Absätzen auf sie zu.

»Ich soll mich stellen, haben sie gesagt. Wie komme ich rein?«, fragte sie.

Ein mitfühlendes Murmeln breitete sich in der Menge aus. Die Menschen bildeten eine Schneise.

Die Frau ging zur Tür und klopfte.

»Was wollen Sie hier?«, fragte der Wachmann. »Wissen Sie nicht, was die mit Ihnen anstellen?«

»Mein Mann ist da drin«, antwortete die Frau. »Sie sagten mir, wenn ich nicht komme, bringen sie ihn um.« Sie biss sich auf die Lippe. »Ich weiß nicht, was er getan hat.«

Dawit stand neben ihr. Sie war so groß wie Lily, aber etwas schlanker. Ihre Handgelenke waren grazil, die Knochen wirkten, als würden sie bei Druck sofort zerbrechen. »Stellen Sie sich hier hin«, sagte er und zeigte auf seine andere Seite. »Sonst trifft Sie die Tür, wenn sie aufgeht.«

»Wie kann ich ihnen sagen, dass ich da bin?« Sie hämmerte gegen die dicke Tür.

»Die hören Sie«, sagte der Wachmann.

Die junge Frau setzte sich auf ihren Koffer, die Kostümjacke immer noch ordentlich über dem Arm. »Die hat er mir geschenkt«, sagte sie und strich zart über den Stoff.

»Gehen Sie lieber«, riet ihr der Wachmann und steckte sich die nächste Zigarette an. »Besser, die kommen Sie holen.«

Sie entgegnete darauf nichts. Dawit überkam das Verlangen,

ihren Arm zu greifen und eine Reaktion von ihr zu erzwingen. Er wünschte, er hätte ein Foto seines Vaters bei sich.

»Ist Ihr Mann Arzt?«, fragte Dawit. Ihm war nicht klar, was er hören wollte, und so zuckte er zusammen, als ihm die Frage entfuhr.

»Koch«, sagte sie. »Wir haben drei Kinder.« Sie betrachtete Dawits modische Kleidung. »Wir sind nicht reich.«

Zusammen sahen sie die Sonne sinken, erst gelb, dann golden am dunklen Horizont. Schließlich öffnete sich die Tür, genau so weit, dass drei Soldaten die junge Frau packen und nach drinnen zerren konnten.

Das ist Angst. Ich kenne diesen Geschmack nach Galle und Schweiß. Im Hagel der italienischen Kugeln setzte er sich auf meiner Zunge fest, ich habe Gewehr und Skalpell geführt mit diesem bekannten Brennen und Beißen im Mund, ich kenne das. Das ist Angst, sagte Hailu sich wieder, aber es löste nicht die Beklemmung in seiner Kehle. Es weitete auch nicht die Adern, die durch den überhöhten Puls pochten. Das ist nichts anderes als die Summe vieler kleiner Teile, da ist nichts, was Logik und Verstand nicht klar zuordnen könnten. Aber jeder Atemzug schien ihn tiefer in das Gefängnis zu stoßen, obwohl er doch nach wie vor fest auf diesem Stuhl saß, seit Stunden, gefühlten Tagen.

Hailu begann zu zählen. *And, hulet, sost, arat.* Er konnte nicht verstehen, warum der Colonel so viel Interesse an einer schmächtigen, jungen Frau hatte, so zerbrechlich, unheimlich zerbrechlich, viel zu zerbrechlich für diese Zeit. Er würde dem Colonel sagen, dass sie schon halbtot bei ihm angekommen war. Wie soll ich einen sterbenden Körper am Leben erhalten?, würde er fragen. Ich bin auch nur Arzt, ein normaler Sterblicher. Genau wie Sie, würde er den Colonel erinnern. Wir sind beide normale Sterbliche. Und nur Gott kann uns bei unseren Fragen, Zweifeln und Wünschen helfen.

Hailu sog die frische Brise ein. Das Zuckerrohr steht hoch auf meinen Feldern, so hoch, dass man kaum darüberschauen kann, dass es die Sonne verdeckt und ich im Dunkeln sitze. Das Donnern der schweren Tür, die sich hinter ihm schloss, hörte er nicht. Immer tiefer versank er in den stetig anwachsenden Zahlen. In seinen Taschen suchte er nach den Gebetsperlen, hatte sie aber zu Hause vergessen. Er nahm Tizitas Hand. Zähl mit, Tizzie.

»Nicht beten!«, befahl ein Soldat. Er schob Hailu aus dem kleinen Raum in einen langen Gang, dann in eine geräumige Empfangshalle mit grellen Leuchtstofflampen, heller als Sonnenlicht. Die Luft war kühl und schwerelos, beim Einatmen brannte sie in seiner Nase.

Das Gefängnis schien ihm steriler als der Eingangsbereich seines Krankenhauses. Hier gab es weder Gerüche noch Geräusche. Die Soldaten saßen steif auf Stühlen, wie Statuen über Dokumente gebeugt, die auf perfekt aufgeräumten Schreibtischen lagen. Keiner hob den Blick, um den neuen Gefangenen anzusehen, der von zwei ernst blickenden Kollegen hereingeführt wurde. Hailu zögerte kurz, doch eine Hand schob ihn weiter, und in der Geräuschlosigkeit, die ihm Kopfschmerzen machte, bemerkte er winzige Hinweise auf menschliches Leben: das Kratzen einer Feder über Papier, das kräftige Aufdrücken eines Stempels, das Öffnen einer frisch geölten Schublade, das langsame Gleiten eines Stuhls über den Betonboden.

»Setzen!«, befahl eine Stimme hinter ihm.

Hailu ließ sich auf den Metallstuhl fallen, der hinter ihn gerückt worden war. Das Licht, das durch einen Spalt zwischen den Vorhängen schräg in den Raum schien, hatte fast all seine goldene Farbe verloren. Es fiel auf einen Soldaten, der stocksteif dasaß und sorgsam einen Stapel Papiere durchblätterte. Hailu schaute sich um. Seine Zuckerrohrfelder und Tizitas Hand waren verschwunden. Die kalte Luft schmerzte ihn wieder. Er drückte den Koffer gegen seine Brust und flehte seinen

Körper an, die Kälte aus seinen Gliedern zu vertreiben. Wieder verspürte er den Drang fortzurennen, doch schon die vorherrschende Ordnung, die Symmetrie von Bewegung und Stillstand in dem dunklen, grauen Büro, machte alle Gedanken an Widerstand unsinnig.

»Den brauchen Sie nicht.« Ein Soldat griff nach seinem Koffer. »Auch nicht die vielen Kleider, die Sie tragen. Wir passen für Sie darauf auf.« Ein leichtes Lächeln huschte über seine Lippen.

Hailu hielt den Koffer weiter fest. »Warum kann ich den nicht behalten?« Er sprach langsam, stets darauf bedacht, mit der Zahlenfolge in seinem Kopf nicht durcheinanderzugeraten. Aus dem Augenwinkel sah er das einfallende Sonnenlicht von den schwarzen Schuhen des anderen Soldaten gegen die Wand reflektieren. »Das sind meine Sachen.«

Dennoch nahm der Soldat ihm den Koffer weg. »Befehle. Der Colonel ist sehr streng in solchen Sachen.« Er griff in Hailus Jacketttasche und zog seine Schlüssel heraus. »Die nehme ich auch.« Dann notierte er etwas auf einem Stück Papier. »Meine Liste« – er hielt das Papier hoch – »damit nichts verloren geht.«

Hailu sah, wie er unbeholfen mit kindlichen Druckbuchstaben schrieb. »Wann sehe ich den Colonel?«

Der Soldat lächelte erneut. »Sie lassen nicht locker, was?«

»Ich muss morgen früh arbeiten.« Er legte eine Kunstpause ein. »Ich bin Arzt.«

»Wir wissen, was Sie sind.«

Hailu schloss die Augen und prägte sich die Ziffern genau ein, schrieb sie auf eine imaginäre Tafel.

Die Zelle war etwa so lang wie sein Esszimmer und ließ ihm kaum Luft zum Atmen. Die schwere Tür war fast nicht von den glatten Betonwänden zu unterscheiden. Es gab keine Fenster, als einzige Lichtquelle hing eine Glühbirne an der niedrigen

Decke, die in eine Art Eisengeflecht gefasst war. Der Boden war die Fortsetzung der Wände: glatt, glänzend, die Farbe von schmutzigem Wasser. In einer Ecke stand ein Plastikeimer. Es war zu kalt, um barfuß zu sein, doch hatte er keine Schuhe mehr. Der harte Boden schmerzte unter seinen Füßen. Er fühlte sich in der Zelle wie in einem Sarg, eine Kiste für lebendig Begrabene.

»Viel Spaß«, wünschte der Soldat. »Seien Sie froh, es könnte schlimmer sein.« Er nahm Hailu seine zusätzlichen Kleider ab und ließ ihn allein in der Mitte des kleinen Raumes zurück.

Hailu schaute zur Glühbirne in ihrem Eisengeflecht unter der Decke und suchte die Stelle, an der Dunkelheit zu Licht wurde. Bemüht lauschte er in der Stille nach anderen Geräuschen als seinem pochenden Herzen. Er horchte so angestrengt und so lange, bis das Summen der Glühbirne zu einem Dröhnen anschwoll und ihm Blitze durch den Kopf schossen. Dann wurde das Licht von einer unsichtbaren Hand irgendwo außerhalb der Zelle plötzlich gelöscht, und Hailu saß auf seiner Pritsche, in Dunkelheit gehüllt.

Aus: Unter den Augen des Löwen
Aus dem Englischen von Andreas Jandel.

SCHÖNER SCHEIN

Sefi Atta / Nigeria

Am Freitagabend gaben Ashake und Debayo Dada eine Party zur Feier ihres achtzehnten Hochzeitstags, obwohl ich vermutete, der wahre Grund war, dass sie mit ihrem neuen Swimmingpool angeben wollten. Ashake hatte die Einladungen bei mir bestellt und mir den Wortlaut diktiert: »Chief und Mrs Adebayo Dada bitten um die Ehre Ihres Besuchs«, und so weiter und so fort, komplett mit kürzlich erfundenem Familienwappen. Festus hatte ihr die Karten vor Wochen geliefert, doch ich wartete immer noch auf die Bezahlung.

Ashake war Rolaris Patin, wir kannten uns schon seit Jahren, und wegen Geld würden wir uns nicht überwerfen. Als wir noch klein waren, wurde sie Sumbo genannt. Ashake, ihr zeremonieller Name, bedeutete »die Verwöhnte«. Ihre Mutter war eine Gewerkschaftsführerin der Frauen, die in die Kirche meines Vaters gingen, und hatte von ihnen mehrere Titel verliehen bekommen. Ihr beliebtester lautete Iya, was so viel wie »Mutter« heißt. So wurde jede Yoruba-Frau genannt, die in ihrer Gemeinschaft das Zepter führte, doch Ashakes Mutter war eine außergewöhnliche Frau.

Sie hatte nacheinander drei Ehemänner gehabt. Der erste war gestorben, der zweite hatte sie verlassen, weil sie zu viele Kinder hatte, und den dritten hatte sie verlassen, als ihm das Geld ausging. In der Kirche besetzte sie zwei Stühle in der ersten Reihe. Beim Gebet musste ihr »*Amin*« immer das längste sein. Wenn gesungen wurde, konnte man sie bis auf die Straße hören. Auf dem Höhepunkt der Frauenbewegung hatte sie eine Pressekonferenz abgehalten, in der sie drohte, »ganz Lagos« lahmzulegen, falls ihre Frauen gezwungen würden, Abwassergebühren zu bezahlen. Mein Vater hatte damals gesagt, vielleicht habe sie nur »eine Straße in Lagos« gemeint und sich von dem Medieninteresse hinreißen lassen. Doch er musste zugeben, dass Iya, als sie ihre Argumente gegen die Gebühren vorbrachte, demonstrierte, dass sie schneller rechnen konnte als ein Mathematiker. Selbst die Presse hatte Mühe, ihren Berechnungen zu folgen.

Ashake und ich müssen ungefähr zehn Jahre alt gewesen sein, als sie nach der Kirche zu mir kam, während meine Mutter ein paar Worte mit ihrer wechselte, und sagte: »Du hast Glück, dass du eine Mutter hast, die so wohlerzogen ist wie eine weiße Frau.« Ich hatte das, ebenso naiv, als Kompliment genommen.

Später hatte ich Ashake zum Stehlen verleitet. Ein paar andere Mädchen aus unserer Gemeinde und ich gründeten eine Bande, und wir schlichen auf den Ikoyi-Friedhof, um Cashewnüsse von den Bäumen zu stibitzen. Dazu hoben wir Ashake hoch, weil sie so lange Arme hatte. Ihre Unterwäsche war nie sauber, und sie roch immer nach abgestandenem Urin, was wir jedoch aus Solidarität nicht weiter beachteten. Eines Tages fiel ihr eine Raupe auf den Kopf, sie schrie wie am Spieß, und wir ließen sie fallen und rannten davon. Sie humpelte nach Hause, wo ihr Iya eine Tracht Prügel verabreichte, weil sie Schande über die Familie gebracht hatte.

Ich hätte nichts dagegen gehabt, eine Mutter wie Iya zu haben, denn sie war die beste Köchin, die ich kannte. Sie machte die köstlichsten Eintöpfe. Ich war ständig bei ihr zu Hause, rieb mir die Hände und hoffte, dass sie etwas gekocht hatte. Vor ihrem Haus war ein Abflussgraben, in dem sie ihre Töpfe wusch. Ich wusste immer, dass es für mich etwas Leckeres geben würde, wenn Palmöl auf der Wasseroberfläche schwamm.

Trotz ihres eigenen Mangels an Bildung gelang es Iya, ihre Kinder durch die weiterführende Schule zu bringen, und aus allen wurden erfolgreiche Geschäftsmänner und -frauen. Sie waren stolz auf ihren guten Ruf, auch Ashake, obwohl sie weiterhin behauptete, Iya hätte ihre Titel vom Oba von Lagos, dem traditionellen Oberhaupt, verliehen bekommen. Ashake log oft, was ihre Herkunft anging, und ich konnte mir vorstellen, warum. Als älteste Tochter der Familie war sie auf ein Pensionat in Lagos geschickt worden, das von einer Frau geführt wurde, die den Mädchen Unterricht in Etikette gab. Wenn den Eltern das Geld fehlte, ihnen eine weitere Ausbildung zu ermöglichen, bereitete sie die Schülerinnen darauf vor, entweder zu heiraten oder einen Beruf zu ergreifen. Sie hatte keine eigenen Kinder, und so wurden ihre Schülerinnen zu ihren Adoptivtöchtern. Ihre Mission war, sie zu kultivierten jungen Damen zu erziehen. Ashake musste sich diese Ausbildung zu Herzen genommen haben, denn kurz nachdem sie das Pensionat verlassen hatte, legte sie den Namen Sumbo ab und fing an, Lügen zu erzählen. Sie behauptete zum Beispiel, ihr Vater sei Apotheker gewesen, dabei war er nur Heilkundiger. Außerdem erzählte sie, dass sie einen Stenografiekurs machte, um Sekretärin zu werden, was ebenfalls nicht stimmte. Oder sie beteuerte, Debayo, ihr Mann, habe ein Ingenieursdiplom an der Harvard University erworben. Dabei hatte ich nur gehört, dass er eine Universität in Ohio besucht hatte, und war davon ausgegangen, es müsse sich um eins dieser Ehrendiplome handeln, die gegen eine Spende ausgegeben werden. Debayo war ein bekannter Geschäftsmann, der es irgendwie geschafft hatte, sich bei mehreren ausländischen Firmen Aufsichtsratsposten zu verschaffen. Seine Konkurrenten warfen ihm vor, sich nach oben geschleimt zu haben. Von Ashake hieß es, sie würde Juju praktizieren, was mich nicht gewundert hätte. Iya mochte der Gemeinde der Saint John's Church angehört haben, aber sie ging auch regelmäßig zu den einheimischen *Babalawos*, den Geisterbeschwörern.

Manchmal fragte ich mich, ob so manches Gerücht über die Dadas nicht ausgeschmückt war. Sie gehörten zum *Owambe*-Zirkel von Lagos, deren Riesenpartys ich mied, weil mir das nötige Kleingeld für Schweizer Spitze, italienische Schuhe und Taschen fehlte. Sie kreuzten spät zu diesen Partys auf, manchmal zwei oder drei Stunden nach Beginn, und blieben nur lang genug, um an den Tisch der angesehensten Gäste gerufen zu werden, und zwar als Chief und Mrs Dada. Jùjú-Live-Bands und Musiker vom Rang eines Sunny Ade oder eines Ebenezer Obey besangen sie in ihren Liedern. Sie saßen da, schauten den anderen Gästen zu, die tanzten und einander mit Geld bewarfen, als wären sie über solche vulgären Darbietungen erhaben. Entweder man liebte sie, oder man hasste sie. Tunde war fasziniert von ihnen, nannte sie – sehr zu ihrem Entzücken – »Mylord und Mylady«. Wenn sie uns zu sich nach Hause einluden, drängte er mich hinzugehen. Der Klatsch über die Dadas interessierte ihn nicht, aber ihre Exzesse mit eigenen Augen zu sehen, amüsierte ihn.

Als wir an jenem Abend bei ihrem Haus eintrafen, fragte er ihren Torwächter, ob er in der Auffahrt parken könne. Der erwiderte, Gäste dürften dort nicht halten.

»Und was ist mit den Wagen dort?«, fragte Tunde und deutete auf fünf Mercedes-Benz, alle schwarz, die in der Kiesauffahrt geparkt waren. Der Mann antwortete, sie gehörten den Herrschaften.

»Wunder über Wunder«, sagte Tunde und lächelte.

Ich bat ihn, mich nicht in Verlegenheit zu bringen.

Das Haus der Dadas war riesig, mit griechisch anmutenden

Säulen. Ein weiß gekleideter Kellner führte uns in ein Wohn-zimmer mit cremefarbenem Marmorfußboden, cremefarbe-nen Damastvorhängen, goldgerahmten Spiegeln und Kristall-kronleuchtern. Der gesamte Raum war cremefarben, glitzerte und war voller Nigerianer in farbenprächtigen traditionellen Gewändern. Auch ein paar Ausländer waren da. Ashake hatte darauf bestanden, in den Einladungen als Dresscode Cocktail-kleidung anzugeben. Tunde und ich waren traditionell geklei-det, ebenso wie Debayo, der eine weiße *Agbada* aus Spitze und eine rot-goldene Kappe trug. Ashake selbst trug ein bodenlan-ges rotes Satingewand, das ihrem eigenen Dresscode wider-sprach. Sie war stark geschminkt, doch ich konnte erkennen, dass ihr Gesicht eine Schattierung heller war als sonst. Ich hatte gehört, dass sie sich in London einer chemischen Behandlung zur Hautbleichung unterzogen hatte, was sie mir gegenüber leugnete. Sie schwor, ihr Teint sei natürlich, obwohl ich mich an Zeiten erinnern konnte, als sie dunkler gewesen war als ich.

»Liebste Freundin«, sagte sie auf Yoruba.

Ich umarmte sie, ehrlich erfreut, sie wiederzusehen. Sie mochte nach Tundes Entlassung Abstand gehalten haben, aber das nahm ich nicht persönlich. Für Ashake wäre es sozial ge-sehen katastrophal gewesen, einen arbeitslosen Ehemann zu haben.

Während Tunde mit Debayo davonging, nahm Ashake meinen Arm und führte mich durch den Raum, stellte mich Mitgliedern der feinen Gesellschaft vor, von denen ich einige schon kannte. Sie ließ den Rubin-und-Diamant-Ring aufblit-zen, den Debayo ihr gekauft hatte.

»Die Rubine kommen aus Indien«, sagte sie.

Ich sagte ihr, der Ring sei wunderschön.

Sie legte den Kopf schief und bewunderte die Steine. »Wo-her die Diamanten kommen, weiß ich nicht genau.«

Ich sagte ihr, das spiele doch keine Rolle, sie solle sich ein-fach an ihrem Ring erfreuen.

Sie gab gern an. Nicht nur mit ihrem neuen Schmuck, sondern auch mit ihrem neuen Auto und ihren neuen falschen Rokokomöbeln, ebenfalls cremefarben. Dann deutete sie auf ein vergrößertes Foto ihrer Familie in einem vergoldeten Rahmen an der Wand.

»Das haben wir Weihnachten machen lassen«, sagte sie.

»Bei wem?«, fragte ich.

»Jackie Phillips.«

Jackie Phillips war ein prominenter Boxer, der auf Fotografie umgesattelt hatte. Seine Studioaufnahmen waren superb, wenn auch nicht billig.

Die Dada-Jungs waren zu gut aussehenden jungen Männern herangewachsen. Auf dem Foto, mit Anzug und Krawatte, sahen sie Debayo sehr ähnlich. Sie hatten englische Internate besucht und die Ferien entweder im Polo-Club oder im familieneigenen Strandhaus am Tarkwa Bay Beach verbracht, mit Freunden, die ähnlich gestellt waren wie sie. Die Clique war bekannt als *Omo Olowo* – Kinder der Reichen. Die armen Kinder wurden so von ihren Eltern verwöhnt, dass man nicht anders konnte, als sie zu bemitleiden, wenn sie am Ende Drogen nahmen, sich betranken oder Autos zu Schrott fuhren, weil ihnen niemand beigebracht hatte, wann genug genug war. Ich wusste das nur, weil Ashake sich oft über das hektische Sozialleben der beiden beklagte – sehr zum Ärger anderer Mütter. »Es ist schrecklich«, hatte sie einmal zu mir gesagt. »Sie gehen mit allen hübschen Mädchen in der Stadt aus – hübsche, hübsche Mädchen aus gutem, gutem Hause –, und dann lassen sie sie fallen. Ich erkläre ihnen: ›Es ist falsch, Mädchen so schlecht zu behandeln. Was werden die Leute sagen?‹«

Doch ganz gleich, was sie sagte oder tat, ich konnte ihr nichts übel nehmen. Ich schämte mich auch nicht für sie; das wäre sinnlos gewesen. Es war ihr egal, was die Leute über sie dachten. Sie interessierte sich einfach nicht genug für andere, um über sich selbst und ihre Familie hinauszublicken.

Wir hatten ein paar gemeinsame Freunde, und als wir durch das Haus gingen, verfiel ich in meine üblichen polyglotten Party-Begrüßungen. »Ciao.« »E wo lese?« »Comme ci, comme ça.« Ausländer mochten nigerianische, Nigerianer europäische Begrüßungen. Es waren größtenteils Leute aus der Geschäftswelt. Tutu, eine Geschäftsfrau mit mehreren Aufsichtsratsposten, war ebenfalls da. Sie hatte sich zu einer Zeit als Wirtschaftsprüferin qualifiziert, als das in Nigeria eigentlich nur Männer taten, und war in den Firmen meist die einzige Frau unter lauter Männern. Sie stand im schwarzen Etuikleid in einer Männergruppe, schwenkte ihr Brandyglas und rauchte Zigarre. Sie war von ihrem ersten Mann geschieden und lebte von ihrem zweiten getrennt, der sie des Ehebruchs beschuldigte. Arin, die Goldschmuckmillionärin, war ebenfalls da, strahlend in traditionellem Ornat, ebenso wie ihr Mann, ein Chief, der mit mehreren anderen Frauen, die er unterstützte, Kinder gezeugt hatte. Er und Arin lebten zusammen und praktizierten Juju zusammen, hielten ihre Finanzen jedoch getrennt.

Ashake sprach über die Baloguns, die abwesend waren.

»Die beiden«, sagte sie kopfschüttelnd. »Stimmt das mit der Prügelei im Yoruba Tennis Club?«

»Das habe ich jedenfalls gehört.«

»Ich hatte beide eingeladen, aber Ade wollte nicht kommen, wenn Moji eingeladen ist, und Moji wollte nicht kommen, wenn Ade eingeladen ist. Ich habe Ade angerufen und ihn gefragt: ›Warum lässt du dich von deiner Frau scheiden? Sieh dir Debayo und mich an, seit achtzehn Jahren verheiratet und immer noch zusammen. Glaubst du etwa, für uns war es immer leicht?‹ Und Moji habe ich auch angerufen und ihr den Kopf gewaschen: ›Geh zurück zu deinem Mann, und bleib um deiner Kinder willen bei ihm. Sieh dir meine Söhne an. Sie sind mir wichtiger als jeder Mann.‹«

Ich konnte mir lebhaft vorstellen, wie Ashake die Baloguns über ihre Ehe beriet und am Ende mit ihrer eigenen angab. Sie ließ sich auf keine Seite ziehen und war über beide gleichermaßen verärgert.

Gab es auf dieser Party auch normale, glücklich verheiratete Leute? Natürlich gab es sie, seit zehn, fünfzehn, zwanzig Jahren zusammen, ohne größere Probleme, soweit ich wusste. Aber sie waren in nichts von den anderen zu unterscheiden, die ebenso normal wirkten und keine Schilder um den Hals trugen, die eine andere Geschichte erzählten. Die Männer: Der trinkt zu viel; der misshandelt gelegentlich seine Frau; der hat vielleicht die jüngere Schwester der Frau geschwängert. Die Frauen: diese auf Valium; jene darf nichts ohne die Erlaubnis ihres Mannes tun; jene wird regelmäßig verprügelt.

»Niemand ist perfekt«, sagte Ashake. »Man muss seinen Mann oder seine Frau einfach so akzeptieren, wie er oder sie ist.«

»So ist das Eheleben«, sagte ich seufzend.

Anders als Ashake war ich eine wahre Expertin darin, anderen Frauen die Befangenheit zu nehmen. Manchmal war ein falscher Seufzer alles, was es brauchte, um ihnen zu signalisieren, dass mein Leben nicht besser war als ihres. Unsere Wege trennten sich, und ich ging im Raum herum, begleitet von einer Instrumentalversion von »Soley, Soley« des Orchesters James Last. Tunde war damit beschäftigt, Debayo auf den Rücken zu klopfen und auszusehen, als könnte er sich kaum halten vor Lachen.

Nicht, dass mir nur edle Gedanken durch den Kopf gegangen wären, aber falls es einen interessierte, warum der Wohlstand in Nigeria so ungleich verteilt war, brauchte man sich nur die Gäste auf der Party anzusehen, die lachten und scherzten, während sie sich von Kellnern servierte Cocktails gönnten, nur um sich später mit Essen vollzustopfen. Ich verhielt mich allerdings, obwohl ich mir dessen bewusst war, auch nicht anders als sie. Einen Moment lang machte ich Small Talk, im nächsten nippte ich an einem Cocktail.

Die Dadas wussten, wie man feierte. Nach den Cocktails gab es ein Buffet aus farcierten Krebsen, Scampisalat, Avocadosalat, gebratenem Reis, Jollof-Reis, Kokosreis, Brathähnchen und ein Pastagericht, das ich nicht kannte. Das war nur ein Teil der europäisch-kontinentalen Köstlichkeitenpalette. Der nigerianische Teil umfasste gegrilltes Ziegenfleisch, gepfefferte Schnecken und *Egusi* mit pürierter Yamswurzel. Ich fing mit der farcierten Krabbe an, machte mit dem Scampisalat weiter, und bei den gepfefferten Schnecken angekommen, war ich satt, doch es wurde immer weiter Essen aufgetragen, dazu Wein und Spirituosen. Ich trank ein Glas Châteauneuf du Pape, gefolgt von etwas Baileys Irish Cream, den ich schon immer mal probieren wollte. Er erinnerte mich an Bols Advocaat Eierlikör: viel zu süß, und doch konnte ich nicht aufhören zu trinken.

Die nigerianischen Gäste aßen und tranken, ohne die Kellner zu beachten. Die Ausländer waren höflicher, wenn auch absichtlich kurz angebunden. Die Gruppen wirkten gemischt, doch es gab Nigerianer, die sich nicht die Mühe machten, mit Ausländern zu reden, und auch Ausländer, die unter sich blieben. Die Libanesen und Inder mischten sich frei unters Volk. Ein nigerianisches Paar sprach nur mit Ausländern, um zu beweisen, dass – tja, keine Ahnung, was sie zu beweisen versuchten –, und ein Engländer war so erfreut über die Anwesenheit der Nigerianer, dass er jedem Einzelnen von uns die Hand schüttelte.

Nach dem Essen versammelten wir uns im Wohnzimmer, um mit Champagnerflöten auf die Dadas anzustoßen. Debayo erklärte, Ashake sei die Liebe seines Lebens, und sie tanzten zu Frankie Vallis »Can't Take My Eyes Off You«. Ich musste sie gegen meinen Willen bewundern. Sie waren ungewöhnlich liebevoll für ein nigerianisches Paar und schienen sich sehr nahezustehen. Selbst, wenn sie sich stritten, nannten sie sich gegenseitig »Honigmäulchen«, »Süßer« oder bei irgendwelchen anderen süßen Kosenamen. Ich war einmal bei einer solchen

Gelegenheit dabei gewesen, an den Anlass kann ich mich nicht erinnern, weil er so trivial war. Es war schon schwer genug, sich ihre Spitznamen zu merken. Sie sagte zum Beispiel: »Süßer, du bist wirr im Kopf«, und er entgegnete: »Honigmäulchen, ich warne dich zum letzten Mal, beleidige mich nicht.«

Nach dem Toast weihten sie ihren neuen Swimmingpool zu Cliff Richards »Congratulations« ein. Debayo wies alle an, sich hinter Ashake zu stellen und von zehn rückwärtszuzählen, dann zerschnitt sie ein rotes Band, das vor die Schiebetür zur Veranda gespannt worden war.

Das Problem dabei, sich in Lagos neureiche Gepflogenheiten zuzulegen, war, dass sie sich irgendwann unweigerlich rächten. Die Dadas lebten, wie wir, in einem Teil von Ikoyi, in dem es keine Diensthäuser gab. Dementsprechend waren die Grundstücke kleiner. Doch sie hatten ein derart riesiges Haus darauf gebaut, dass kaum noch Platz für einen Garten blieb. Wir betraten das, was früher der Spielplatz ihrer Söhne gewesen und jetzt durch einen Swimmingpool ersetzt worden war, der so klein war, dass er als Planschbecken durchgehen konnte. Ich ignorierte Tunde, der mich in die Seite stieß und flüsternd fragte: »Wie soll man darin Bahnen schwimmen?«

Wir standen am Beckenrand, sodass wir auf den Grund sehen konnten, auf dem in blauen Kacheln das neue Wappen prangte. Alles, was mir beim Anblick des Wappens einfiel, waren die Einladungskarten, die Ashake noch nicht bezahlt hatte.

Während ich mit den anderen Gästen zusammen applaudierte, erinnerte ich mich, wie sie als kleines Mädchen an Häusern wie dem der Hernandes-Familie vorbeiging, in dem Wissen, dass sie dort nie willkommen wäre. Mein Vater war der Ansicht, die größte Bedrohung für unsere Unabhängigkeit seien nicht die Briten, sondern die Nigerianer, die darauf warteten, in ihre Fußstapfen zu treten, womit er Leute wie Aunty Eugenia meinte. Allerdings schrieb er solchen Menschen eine größere Fähigkeit zu überdauern zu, als sie tatsächlich besaßen. Ashake war der Beweis, auch wenn manche sie als Emporkömmling betrachteten, würde sie bleiben, wo sie war, solange sie konnte. Sie und Debayo konnten sich so viele Chieftitel und Ehrendiplome kaufen, wie sie wollten. Aber der Tag würde kommen, an dem auch sie ersetzt und in Vergessenheit geraten würden.

Der Kreislauf des Ersetztwerdens war ein Erbe der Kolonialzeit und die Essenz der nigerianischen Unabhängigkeit. Heute gehörte man dazu, morgen war man weg vom Fenster. Die Zeit, in der man dazugehörte, musste man so gut wie möglich ausnutzen, denn überall warteten Leute nur darauf, nach ganz oben zu gelangen – Leute aus der Armee, dem Staatsdienst, aus Politik, Wirtschaft und auch aus der High Society.

»Jemand sollte mir besser das Geld bezahlen, das er mir schuldet«, flüsterte ich Tunde zu.

Aus: Die amerikanische Freundin
Aus dem Englischen von Simone Jakob.

IN DER SCHWEBE

Koleka Putuma / Südafrika

Du bist uneben.

    Hängst
        halbwegs
            zwischen
                dem
                    Ende
                        und

einem

[Notausgang].

DAS HAUS DER BENEIDETEN

José Eduardo Agualusa / Angola

Nach dem Ende hörte die Zeit auf, sich immer mehr zu beschleunigen. Zumindest für Ludo. Am 23. Februar 1976 schrieb sie in ihr erstes Tagebuch:

Heute ist gar nichts geschehen. Ich habe geschlafen. Im Schlaf träumte ich, dass ich schlafen würde. Bäume, Tiere und viele Insekten teilten mit mir ihre Träume. Wir träumten im Chor, wie eine unüberschaubare Menge in einem winzigen Raum, und tauschten Ideen und Düfte und Zärtlichkeit aus. Ich kann mich erinnern, dass ich eine Spinne war, die sich über ihre Beute hermacht, und gleichzeitig auch die Fliege, die sich in ihrem Netz verfangen hat. Ich empfand mich wie Blumen, die sich der Sonne öffnen, wie sanfter Wind, in dem Pollen schwebt. Als ich aufwachte, war ich wieder allein. Wenn wir im Schlaf davon träumen, zu schlafen, können wir dann, wenn wir wach sind, aufwachen in einer helleren Wirklichkeit?

Eines Morgens stand sie auf, drehte am Wasserhahn, und es war kein Wasser da. Sie bekam einen Schrecken. Zum ersten

Mal wurde ihr klar, dass sie womöglich noch Jahre in dieser Wohnung eingesperrt bleiben würde. Sie sah nach, welche Vorräte sie noch in der Speisekammer hatte. Um Salz brauchte sie sich keine Sorgen zu machen. Auch Mehl war noch für Monate da, es gab Säcke mit Bohnen, viele Packungen Zucker, kistenweise Wein und Erfrischungsgetränke, Dutzende Dosen Sardinen, Thunfisch und Würstchen.

Am Abend regnete es. Ludo nahm einen Regenschirm und ging mit Eimern und Schüsseln und leeren Flaschen hoch auf die Terrasse. Am Morgen schnitt sie die Bougainvillea und Blumen ab und steckte eine Handvoll Zitronenkerne in das Beet, wo sie den Einbrecher verscharrt hatte. Säte Bohnen und Mais in die vier anderen Beete. In die übrigen fünf setzte sie ihre letzten Kartoffeln. Eine der Bananenstauden trug bereits Früchte. Davon pflückte sie welche und nahm sie mit in die Küche herunter. Sie zeigte sie ihrem Hund:

Siehst du? Orlando hat diese Bananen einmal gepflanzt, als Erinnerung. Nun helfen sie uns gegen den Hunger. Genauer gesagt, gegen meinen. Du magst, glaube ich, keine Bananen.

Am nächsten Tag war wieder Wasser da. Es sollte von da an immer mal wieder ausfallen, genau wie der Strom, und irgendwann war beides ganz abgeschaltet. Die Stromausfälle störten sie anfangs mehr als das fehlende Wasser. Sie vermisste das Radio. Sie hörte gern Nachrichten aus aller Welt auf BBC und im portugiesischen Rádio Difusão Portuguesa. Sie hörte auch angolanische Sender, auch wenn sie die ständigen Tiraden gegen den Kolonialismus, den Neokolonialismus und die Kräfte der Reaktion ärgerten. Das Radio war ein ganz wunderbares Gerät in einem Holzgehäuse im Art-déco-Stil und mit marmornen Tasten. Drückte man eine davon, leuchtete alles wie eine Stadt auf. Ludo drehte an den Knöpfen und suchte nach Stimmen. Vereinzelte Sätze erreichten ihr Ohr auf Französisch, Englisch oder in einer der seltsamen afrikanischen Sprachen:

… israeli commandos rescue airliner hostages at Entebbe …

... Mao Tse Tung est mort ...

... Combattants de l'indépedance aujourd'hui victorieux ...

... Nzambe azali bolingo mpe atoanda na boboto ...

Und es gab den Plattenspieler. Orlando besaß eine ganze Reihe von Schallplatten mit französischen Chansons. Jacques Brel, Charles Aznavour, Serge Reggiani, Georges Brassens, Léo Ferré. Wenn das Licht im Meer versank, hörte die Portugiesin Jacques Brel. Die Stadt fiel in Schlaf, und sie vergaß Namen, noch brannte ein Streifen Licht. Und die Nacht näherte sich Stück für Stück, und die Zeit zog sich lang ohne Ziel. Und ihr Körper erschöpft, und die Nacht blau in blau. Müdigkeit setzte ihr Messer an. Und sie stellte sich vor, sie sei Königin, glaubte, dass irgendwo wer auf sie wartete, wie man auf eine Königin wartet. Aber niemand wartete, nirgendwo auf der Welt. Und die Stadt fiel in Schlaf, und die Vögel wie Wellen, die Wellen wie Vögel, die Frauen wie Frauen, und sie war gar nicht mehr sicher, dass Frauen die Zukunft der Menschheit sind.

Eines Nachmittags schreckte sie Stimmengewirr auf. Sie fuhr hoch, panisch. Ein Überfall? Ihre Wohnzimmerwand grenzte an die Wohnung von Rita Costa Reis. Sie horchte. Zwei Frauen, ein Mann, mehrere Kinder. Die Stimme des Mannes war voll, seidig und klang angenehm. Sie redeten in einer dieser seltsam melodischen Tonlagen, wie sie manchmal im Radio zu hören waren. Das eine oder andere Wort löste sich aus dem Gemenge und hüpfte wie ein bunter Gummiball weiter und in ihrem Kopf hin und her:

Bolingô. Bisô. Matondi.

Allmählich war wieder Leben ins Haus der Beneideten eingezogen, mit neuen Bewohnern. Armen Leuten aus den Armenvierteln, den *Musseques*, Bauern, die vom Land in die Stadt kamen, Rückkehrern aus Zaire und echten Zairern, die das Leben in einem Apartmenthaus nicht gewohnt waren. Eines Morgens sah Ludo beim Blick aus dem Zimmerfenster eine Frau auf dem Balkon, zehnter Stock, Wohnung A, urinieren. Auf dem Balkon von 10 D schauten fünf Hühner der Sonne beim Aufgehen zu. Hinter dem Haus war eine große Freifläche, auf der noch vor Monaten die Autos geparkt hatten. Von allen Seiten begrenzten hohe Mauern das Areal, das nun von üppiger Vegetation überwuchert war. Aus einem Spalt irgendwo in der Mitte strömte Wasser bis zu dem Müll- und Morasthaufen entlang der Hauswände, wo es wieder versickerte. Ganz früher war dort einmal ein See gewesen. Orlando erzählte gern von den Dreißigerjahren, als er als Kind dort mit Freunden im hohen Gras gespielt hatte. Sie hatten Gerippe von Krokodilen und Flusspferden gefunden. Und Löwenschädel.

Ludo sah diesen See wieder entstehen. Sogar Flusspferde sah sie zurückkehren (übertreiben wir nicht: eines). Allerdings erst Jahre später. Dazu kommen wir noch. In den Monaten nach der Unabhängigkeit teilten sich die Frau und ihr Hund Thunfisch und Sardinen, Würstchen und Dauerwurst. Als die Dosen zu Ende waren, aßen sie Suppe aus Bohnen und Reis. Da fiel der Strom manchmal schon tagelang aus, und Ludo kochte auf einer offenen Feuerstelle in der Küche. Erst verbrannte sie Pappkartons und nutzlose Papiere, die trockenen Zweige der Bougainvillea. Dann die überflüssigen Möbel. Als sie das Ehebett auseinandernahm, fand sie unter der Matratze einen Lederbeutel. Als sie ihn öffnete, sah sie, ohne besonderes Staunen, Dutzende kleiner Steine über den Boden kullern. Nachdem sie die Betten und Stühle verbrannt hatte, begann sie, das Parkett herauszureißen. Das harte, schwere Holz brannte langsam und machte ein gutes Feuer. Anfangs tat sie dies noch mit Streichhölzern. Als diese zu Ende waren, nahm sie die Lupe, mit der Orlando immer seine Briefmarkensammlung aus Übersee angeschaut hatte. Dafür musste sie warten, bis sich gegen zehn Uhr morgens das Sonnenlicht über den Küchenboden ergoss. Natürlich konnte sie auch nur an sonnigen Tagen kochen.

Der Hunger kam. Über Wochen, die sich wie Monate zogen, aß Ludo fast gar nichts. Fantasma fütterte sie mit

Weizenmehlbrei. Tage und Nächte vermengten sich. Wenn sie erwachte, sah sie den Hund mit entschlossener Unruhe über sie wachen. Beim Einschlafen spürte sie seinen heißen Atem. Sie ging in die Küche und holte ein Messer, das mit der längsten Klinge, und trug es fortan am Gürtel wie ein Schwert. Auch sie wachte manchmal über den Schlaf des Tieres. Mehrmals setzte sie ihm das Messer an den Hals.

Es wurde spät, es war früh und immer die gleiche Leere, die keinen Anfang hatte, kein Ende nahm. Irgendwann hörte sie auf der Terrasse ein heftiges Scharren und Rascheln. Sie ging schnell hinauf und ertappte Fantasma dabei, wie er eine Taube verschlang. Sie ging zu ihm, um ihm ein Stück zu entreißen. Der Hund sträubte sich und fletschte die Zähne. Dickes, nachtdunkles Blut mit Resten von Federn und Fleisch klebte an seiner Schnauze. Sie ließ von ihm ab. Dann überlegte sie sich, einfache Fallen zu stellen. Umgedrehte Kartons, mithilfe eines Stöckchens aufgestellt. An dem Stöckchen ein Bindfaden. Im Schatten der Kisten zwei oder drei Diamanten. Versteckt hinter einem Regenschirm kauernd, wartete sie mehr als zwei Stunden, bis eine Taube auf der Terrasse landete. Der Vogel tippelte torkelnd heran. Hopste wieder zurück. Flatterte auf und flog weg. Verlor sich im leuchtenden Himmel. Dann kam er wieder. Diesmal umrundete er die Falle, pickte misstrauisch an der Schnur und wagte sich dann, angezogen vom Funkeln der Steine, unter den Schatten des Pappkartons. Ludo zog an der Schnur. Fing drei Tauben an diesem Nachmittag. Kochte sie und kam wieder zu Kräften. In den Monaten darauf fing sie noch viele mehr.

Lange Zeit fiel kein Regen. Ludo goss ihre Beete mit dem, was noch im Schwimmbecken war. Endlich riss der feine Schleier aus niedrigen Wolken auf, den man in Luanda *Cacimbo* nennt, und es war wieder Wasser da. Der Mais keimte. Bohnen blühten und entwickelten Schoten. Der Granatapfelbaum füllte sich mit roten Früchten. Nur Tauben gab es immer weniger am Himmel der Stadt. Eine der letzten, die ihr in die Falle ging, hatte einen Ring am Bein. Daran war ein kleiner Plastikzylinder befestigt. Ludo öffnete ihn und entdeckte, wie ein Tombola-Los eingerollt, einen kleinen Zettel. Darauf stand in lilafarbener Tinte und winziger, deutlicher Handschrift der Satz:

Morgen. Sechs Uhr, übliche Stelle. Pass auf Dich auf. Ich liebe Dich.

Sie rollte das Papier wieder zusammen und steckte es in das winzige Röhrchen zurück. Sie war unsicher. Sie hatte Hunger. Außerdem hatte die Taube zwei oder drei ihrer Steine verschluckt. Sie hatte nicht mehr so viele, und einige waren viel zu groß, um als Köder zu dienen. Andererseits hatte die Botschaft etwas Verstörendes. Mit einem Mal fühlte sie sich mächtig. Das Schicksal zweier Menschen lag in ihren Händen, vor Angst bebend. Sie hielt es fest, dieses geflügelte Schicksal, und warf es zurück in die Weite des Himmels. Sie schrieb in ihr Tagebuch:

Ich muss an die Frau denken, die auf die Taube wartet. Sie traut der Post nicht – oder gibt es schon gar keine Post mehr? Sie traut dem Telefon nicht – oder funktioniert auch das Telefon mittlerweile nicht mehr? Sicher ist, dass sie den Menschen nicht traut. Die Menschheit hat niemals gut funktioniert. Ich sehe, wie sie die Taube hält und nicht ahnt, dass vor ihr schon ich sie zitternd in meinen Händen gehalten habe. Die Frau will fliehen. Ich weiß nicht, vor was. Vor diesem Land, das in Stücke fällt, vor einer erdrückenden Ehe, vor einer Zukunft, die ihr zu eng ist, wie ein paar fremde Schuhe? Ich hatte mir überlegt, zu der Nachricht noch eine von mir zu legen: »Töte den Überbringer.« Wenn sie die Taube tötete, würde sie einen Diamanten finden. Doch so würde sie nur die Nachricht lesen und die Taube wieder in ihren Schlag zurücksetzen. Um sechs Uhr würde sie sich mit dem Mann treffen, den ich mir groß gewachsen vorstelle, mit entschlossenen Bewegungen und einem wachen Herzen. Ein Anflug von Traurigkeit geht von ihm aus, wie er die

Flucht vorbereitet. Die Flucht wird ihn zu einem Vaterlandsverräter machen. Er wird durch die Welt irren, gestützt auf die Liebe einer Frau, doch er wird nie wieder schlafen können, ohne seine rechte Hand auf die linke Seite seiner Brust zu legen. Der Frau wird dies auffallen.

Tut dir etwas weh?

Der Mann wird den Kopf schütteln, nein. Nichts. Er hat nichts. Wie soll er erklären, dass ihn seine verlorene Kindheit schmerzt?

Beim scheuen Blick aus dem Zimmerfenster konnte sie ewige Samstagvormittage lang die Frau aus Wohnung A im zehnten Stock auf dem Balkon Mais stampfen sehen. Dann Maniok stampfen. Dann Fisch ausnehmen und grillen. Saftige Hühnerschenkel. Die Luft erfüllte sich mit beißendem, duftendem Rauch, der ihr das Wasser im Mund zusammenlaufen ließ. Orlando mochte die angolanische Küche. Ludo jedoch hatte sich immer geweigert, Gerichte der Schwarzen zu kochen. Jetzt bereute sie es. Nichts hätte sie in diesen Tagen lieber getan, als Gegrilltes zu essen. Sie begann, den Hühnern auf dem Balkon aufzulauern, wie sie im Morgengrauen die ersten Sonnenkrümel aufpickten. Sie wartete einen Sonntag ab. Die Stadt schlief noch. Dann lehnte sie sich aus dem Fenster und ließ eine Kordel mit einer Schlinge hinab auf den Balkon der Wohnung 10 A. Nach etwa fünfzehn Minuten erwischte sie den Hals eines riesigen schwarzen Hahns. Mit einem Ruck zog sie ihn zu sich herauf. Zu ihrem Erstaunen lebte er noch (wenn auch nur wenig), als sie ihn auf den Zimmerboden legte. Als sie das Messer vom Gürtel nahm, um ihn zu köpfen, kam ihr eine Idee. Für die nächsten Monate hatte sie genug Mais und auch Bohnen und Bananen. Mit einem Hahn und einer Henne würde sie eine Hühnerzucht aufbauen können. Jede Woche ein Ei wäre gut. Sie ließ die Kordel noch einmal hinab. Diesmal erwischte sie eines der Hühner am Bein. Das arme Tier flatterte und zeterte furchtbar, Federn und Daunen und Staub wirbelten herum. Sofort war das gesamte Haus wach vom Geschrei der Nachbarin:

Diebe! Diebe!

Und dann, da wohl niemand die glatten Wände des Hochhauses bis zum Balkon hochgeklettert sein konnte, nur, um Hühner zu stehlen, wurde aus dem Geschrei banges Klagen:

Zauberei ... Zauberei ...

Und gleich darauf die Gewissheit:

Kianda ... Kianda ...

Ludo hatte Orlando von Kianda erzählen gehört. Er hatte versucht, ihr den Unterschied zwischen Kianda und Nymphen oder Meerjungfrauen zu erklären:

Kianda ist eine Wesenheit, eine Energie, die Gutes und Böses erschafft. Diese Energie zeigt sich in farbigen Lichtern, die aus dem Wasser steigen, aus den Wellen des Meeres und aus tobendem Wind. Die Fischer huldigen ihr. Als ich als Kind hier am See hinter dem Haus spielte, fand ich oft Opfergaben. Manchmal entführte Kianda einen Passanten. Nach Tagen tauchten die Leute irgendwo weit entfernt wieder auf, an einem anderen See oder einem Flussufer, einem Strand. Das kam oft vor. Irgendwann fing man an, die Kianda als Meerjungfrau darzustellen. Sie wurde zur Meerjungfrau, doch sie behielt ihre Kräfte.

So also begann Ludo mit einem gewöhnlichen Diebstahl und etwas Glück eine Hühnerzucht auf der Terrasse. Für die Bewohner Luandas erneuerte sich mit diesem Vorfall der Glaube an die Existenz und die Macht der Kianda.

Aus: Eine allgemeine Theorie des Vergessens
Aus dem Portugiesischen von Michael Kegler.

EINE PERFEKTE ZUSAMMENARBEIT

Nii Ayikwei Parkes / Ghana

Auf dem Tablett, das er auf dem grauen Aktenschrank abzustellen pflegte, lag ein Stapel von Laborbescheiden. Kayo ging sie durch und stellte erleichtert fest, dass es sich um eindeutige Produkttests und Sicherheitstests für Inhaltsstoffe handelte. Medizinische Analysen waren nicht dabei. Der Tag ließ sich also gut an. Bei medizinischen Proben hielt es Kayo nämlich für angebracht, selbst ins Labor zu gehen und die Tests zu wiederholen, bevor er den Befund weitergab. Immerhin ging es hier direkt um Menschen.

Tests von Produkten und Inhaltsstoffen erforderten nur einfache Berichte, in denen kurz dargestellt wurde, ob die Proben der vorgeschriebenen Norm entsprachen, und falls nicht, was verbessert werden musste.

Als Kayo bei Acquabio anfing, hatte er die Berichte zuhanden der Firmen immer auch gleich mit Empfehlungen versehen, mit welchen Maßnahmen sie dazu beitragen konnten, die Vorschriften der Qualitätssicherung zu erfüllen, oder wie sich Qualität und Zusammensetzung verbessern ließen. Später erfuhr er im Gespräch mit einem Kunden, dass Acquah daraufhin umgehend einen Zuschlag von fünf Prozent für die Gutachten erhoben hatte. Er war ein gerissener Geschäftsmann, und Kayo konnte ihm das nicht einmal verübeln.

Um acht Uhr ertönte das Radio. Kayo blickte hoch und sah, dass sich das Labor plötzlich gefüllt hatte. Seine sieben technischen Assistenten hatten sich um die in der Mitte des Raums stehenden Labortische verteilt. Die beiden Frauen im Team unterhielten sich über die Tische hinweg, während sie ihre Klemmen und Bunsenbrenner zusammensuchten. Joseph, der neben dem Radio stand, drehte die Lautstärke herunter. Es lief gerade Hugh Masekelas »Zulu Wedding«, ein Lied, das Kayo mochte, doch widerstand er der Versuchung, Joseph zu signalisieren, er solle das Radio wieder aufdrehen. Von seinem Fenster aus genoss er die keimfreie Ordnung des Labors – parallel zueinander aufgestellte Tische mit weißen Formica-Platten, hohe Holzhocker mit viereckigen Sitzflächen, eine Reihe von Mikrozentrifugen, zusätzliche Bürettenklemmen, Ständer für Reagenzgläser und Reagenzstoffe auf dem Nebentisch, über dem Kayo Plakate mit Sicherheitsvorschriften hatte anbringen lassen, nachdem er Acquah überzeugt hatte, dass dies wichtig war.

Kayo beugte sich wieder über die Befunde, die Joseph ihm gebracht hatte. Sie bestanden aus Diagrammen mit Erläuterungen, stichwortartigen Testberichten und je nachdem aus einem positiven oder negativen Bescheid. Kayo nahm die Diskette, die Joseph neben seinen Computer gelegt hatte, und schob sie in das Laufwerk. Sie enthielt eine Kopie von Josephs Zusammenfassungen als Word-Dokument, aus dem Kayo bestimmte Passagen in seine Abschlussberichte einfügte. War ein Gutachten fertig, druckte er es für Joseph aus, der es dann Eunice gab, damit sie es zusammenheftete. Diese Unterlagen brachte ihm Joseph wieder zurück, und er versah sie mit seiner Unterschrift.

Bei dieser Arbeit entwickelte Kayo einen so gleichmäßigen

Rhythmus, dass er erschrocken zusammenfuhr, als Joseph an seine Tür klopfte und sagte, er würde für heute Schluss machen. Es war bereits 17.15 Uhr. Kayo griff nach den ausgedruckten und zusammengehefteten Gutachten, die ihm Joseph auf den Schreibtisch gelegt hatte, und setzte mit einem gekonnten Schnörkel seine Unterschrift darunter. Er war mit sich zufrieden, zusätzlich zu all den Gutachten hatte er noch sein Abteilungsbudget geprüft und war zur Überzeugung gelangt, dass er gegenüber Acquah stichhaltige Argumente ins Feld führen konnte, um eine Aufstockung seines Etats zu begründen. Da seine Arbeitszeit offiziell zu Ende war, legte er Stevie Wonders »Innervisions« ein und begann, seinen Schreibtisch aufzuräumen. Er schipste mit den Fingern zu »Too High«, während er die unterschriebenen Gutachten auf die linke Seite seines Schreibtischs schob, damit Joseph sie am nächsten Morgen einsammeln konnte. Dann legte er seinen Notizblock mit den hingekritzelten Stichwörtern in die oberste Schublade. Er speicherte die Aufstellung seines Budgets ab und schloss das Excel-Fenster. Als er auch das Dokument mit seinen Gutachten abgespeichert hatte, schrillte das Telefon.

»Hallo?«

»Odamtten!« Es klang wie der Sergeant vom Vortag. Kayo runzelte die Stirn und warf einen Blick auf seine Uhr. »Sergeant Mintah?«

»Bingo, Sir. Ich sehe, das wird eine perfekte Zusammenarbeit.«

»Ich hab Ihnen gestern schon gesagt, mein Boss will mir nicht freigeben.«

»Hat er sich das nicht noch einmal überlegt?« Der Sergeant hob etwas die Stimme.

»Nein.«

Einen Augenblick lang herrschte Schweigen, dann war am anderen Ende ein Kichern zu vernehmen. »Kein Problem. Sie werden also kündigen. Alles klar?«

»Ich habe mir das überlegt«, sagte Kayo, zog seinen Notizblock aus der Schublade und kritzelte »Nein« auf das creme-
farbene linierte Papier. »Und ich kam zum Schluss, dass ich
nicht kündigen werde. Ich brauche das Geld.«

Sergeant Mintah brach in ein herzliches Gelächter aus.
»Wer braucht kein Geld, Sir, wer nicht.« Er legte eine kurze
Pause ein und kicherte. »Ich ruf Sie morgen wieder an.«

»Ich werd mirs aber nicht anders überlegen.« Kayos Notizblock war inzwischen mit Neins übersät, die sich in einem
Wald von schwarzen Girlanden befanden.

»Weiß ich, aber mein Job ist es, Sie dazu zu bringen, mit uns
zusammenzuarbeiten. Und deshalb ruf ich wieder an.« Der
Sergeant wartete. »Sie sind ein interessanter Mensch, Odamtten, wirklich ein sehr interessanter Mensch.«

Und dann war die Leitung stumm. Im Büro wurde es dunkel.
Kayo legte den Notizblock in die oberste Schublade zurück und
starrte auf den Monitor, bis der Bildschirmschoner erschien.
Die grünen, blauen, roten und gelben Kringel spiegelten sich
auf seinem Gesicht, während er einfach nur dasaß und Stevies
»Don't You Worry 'bout A Thing« lauschte. Später würde er
sich an diesen Augenblick erinnern und sich wundern, dass er
während seiner Unterhaltung mit Sergeant Mintah Stevie Wonders Stimme überhaupt nicht wahrgenommen hatte.

Als Kayo wieder auf seine Uhr schaute, war es 18.48 Uhr.
Er machte sein Mobiltelefon an und hörte sofort ein Klingel-
zeichen. Eine SMS von Nii Nortey: »Idiot! Der Kerl respek-
tiert dich nicht. Egal wie viel Überstunden du machst. Komm
zu Millie einen saufen, du Arschloch.« Kayo lachte schallend;
Nii Nortey konnte keine SMS schreiben, die nicht mit einer
Beleidigung anfing und endete. Kayo drückte zweimal auf den
grünen Knopf seines Nokia und wartete auf die Verbindung.

Nii Nortey machte übergangslos weiter. »Blöder Arsch.
Wie kannst du deine Freunde nur so lange warten lassen? Sofort antreten zum Flaschendienst!«

»Selber Blödmann, was soll diese SMS? Woher weißt du, dass ich nicht mit deiner Kleinen unterwegs war?«

»Weil ich weiß, dass du den Arsch nicht hochkriegst. Du bist mit deiner Arbeit verheiratet! Was meine Kleine betrifft, so waren wir den ganzen Tag im Bett und haben dich dort nicht gesehen.«

Kayo hielt sich das Mobiltelefon vom Ohr weg, um sein Trommelfell vor Nii Norteys hysterischem Gelächter zu schützen, und hörte erst wieder zu, als es abebbte. »Okay, Nortey, ich komm ja schon, aber nur für eine Stunde, ich bin kaputt.«

»Komm erst mal, dann sehen wir weiter.«

»In Ordnung. Noch was, Partner, schau zu, dass mein Guinness auf dem Tisch steht.«

»Kein Problem.«

Der Lichtstrahl splitterte durch den Sprung in seiner Windschutzscheibe, sodass er geblendet die Augen zusammenkniff. Kayo bremste, als das Auto vor ihm um eine Sperre steuerte, die die Polizei neben der Hauptfeuerwache auf der Ring Road aufgestellt hatte. Als er die Absperrung erreichte, ließ ein hochgewachsener Polizist mit zwei Stammestätowierungen auf der linken Wange kurz den Strahl seiner Taschenlampe über sein Nummernschild wandern, um ihn anschließend auf Kayos Gesicht fallen zu lassen.

Kayo kniff die Augen zusammen.

Der Polizist nickte seinem Begleiter zu, einem Mann von ungefähr seiner Größe, aber doppelt so breit. »Sergeant Ofosu, ich denke, das ist er.«

Sergeant Ofosu, der den Mund voller Erdnüsse hatte, grinste und enthüllte Klumpen von halb zerkauten Kernen, die sich zwischen seinen Zähnen festgesetzt hatten.

Der erste Polizist musterte Kayo und sagte: »Den da sollen wir also für uns arbeiten lassen.«

Kayo lehnte sich aus dem Fenster. »Darf ich fragen, warum ich angehalten wurde?«

Sergeant Ofosu brach in Lachen aus. »Sie dürfen alles fragen!« Er klopfte sich auf die Brust. »Das Gesetz bin ich. Sie wurden angehalten, weil ich das so haben wollte, aus welchem Grund auch immer.« Er wandte sich an seinen Kollegen. »Garba, geben Sie durch, dass die Straßensperren in der Innenstadt aufgehoben werden sollen. Das ist eindeutig unser Mann, einer, der im Ausland studiert hat und einen alten VW Golf fährt und zu viele Fragen stellt.« Er schlug mit seinem Stöckchen gegen Kayos Wagen. »Wagen abstellen, Freundchen, und aussteigen. Wir haben auf Sie gewartet.«

»Sergeant, Sie haben mir immer noch nicht gesagt, warum ich angehalten wurde.«

Sergeant Ofosu hämmerte gegen Kayos Tür. »Mein Freund, soll ich Ihnen die Beine oder sonst was brechen? Ich sagte: Aussteigen! Wenn Sie keine Schwierigkeiten haben wollen, machen Sie, was ich Ihnen sage.«

Kayo fuhr sein Auto langsam auf den Parkstreifen und hielt an. Er öffnete die Tür einen Spaltbreit und wand sich heraus. Er inspizierte die Stelle, die mit dem Stöckchen traktiert worden war, um zu prüfen, ob der Lack gelitten hatte, und drehte sich dann nach Sergeant Ofosu um, der auf ihn zukam. »Okay, ich bin ausgestiegen.«

Der Sergeant grinste. »Sergeant Garba, kommen Sie bitte und notieren Sie«, brüllte er.

Garba schob die Sperren zur Seite und lief auf den Sergeant zu, während er sich den Schmutz von den Händen rieb. Als er sich postiert hatte, nahm er ein Notizheft aus seiner oberen Tasche.

Sergeant Ofosu fing an: »So, mein Lieber, Ihren vollen Namen und Beruf.«

»Kayo Odamtten. Ich bin Wissenschaftler.«

»Ist das der Name, den Ihnen Ihr Vater mit auf den Weg

gegeben hat?« Sergeant Ofosus Tonfall war eine Mischung aus Ungeduld, Belustigung und Zynismus. »Den richtigen Namen, bitte.«

»Kwadwo Okai Odamtten.«

Sergeant Ofosu nickte. »Ist das alles? Keine englischen Namen?«

»Nein.«

»Garba.« Sergeant Ofosu wandte sich an den anderen Polizeibeamten. »Es scheint einer von Ihren Leuten zu sein. Kein Vorname.«

»Sergeant, dürfte ich widersprechen ... «, hob Garba an.

»Garba, Sie dürfen gerade mal gar nichts. Wir befragen einen Verdächtigen.«

Kayo warf einen kurzen Blick auf die vorbeifahrenden Autos. Es war noch früh am Abend. Der Gedanke, dass ein Bekannter ihn so sehen könnte, machte ihn nervös. Er könnte seiner Familie erzählen, dass die Polizei ihn angehalten habe, und sie würden sich unnötige Sorgen machen. In vieler Hinsicht war Accra eine Kleinstadt. Er räusperte sich. »Sergeant, Sie haben mir immer noch nicht gesagt, warum ich angehalten wurde.«

»Also, wo kommt dieser Kayo her?«

»Was?«

»Ich meine den Namen, Kayo. Ihr Vater hat Sie nicht so genannt. Also, woher kommt er?«

»Aus meiner Studienzeit. Ich studierte in London, und niemand konnte meinen Namen richtig aussprechen, deshalb habe ich mir diesen ausgedacht.«

»Aha, in London studiert. Kein Wunder, stellen Sie so viele Fragen.« Er schaute Garba an. »Haben Sie mitgeschrieben?«

»Ja, Sergeant.«

»So, Kayo, mein Freund, und was für ein Wissenschaftler sind Sie?«

»Ich bin ein ausgebildeter Arzt.«

»Ein Doktor?« Sergeant Ofosu runzelte zum ersten Mal an diesem Abend die Stirn. Seine hellbraune Stirn schob sich zusammen wie ungebügeltes Leinen. »Sind Sie sich sicher?«

»Ja.«

Sergeant Ofosu legte den Kopf zur Seite, um Kayos Gesicht zu mustern. Er klopfte sich zweimal mit seinem Stöckchen gegen den Oberschenkel und steckte es in seinen breiten schwarzen Gürtel zurück. Dann fischte er in seiner Hosentasche nach einer Handvoll Erdnüssen, schob sie sich in den Mund und fing an zu kauen. »Also, mein Freund, sind Sie einfach nur ein Doktor, oder verbergen Sie uns etwas?«, fragte er.

»Ich hab nichts zu verbergen. Ich bin Arzt, aber mein Spezialgebiet ist Gerichtsmedizin. Ich arbeite nicht als praktischer Arzt.«

»Garba«, Sergeant Ofosu grinste und klopfte seinem Kollegen auf die Schulter: »Garba. Wir haben ihn, das ist unser Mann.«

Garba schob sein Notizheft in seine Tasche zurück und wollte nach seinen Handschellen greifen. Er sah besorgt aus, als er Kayo am linken Arm packte. »Kwadwo Okai Odamtten, ich verhafte Sie wegen regierungsfeindlicher Umtriebe.«

Kayo gab einen hohen, erstickten Laut von sich und öffnete den Mund. Instinktiv schüttelte er Garbas Hand ab. »Was?« Wie der Zeiger eines Metronoms ging sein Blick von Garba zu Sergeant Ofosu. »Das kann wohl nicht Ihr Ernst sein?«

Sergeant Ofosu schüttelte den Kopf wie ein enttäuschter Vater. »Mein Freund«, sagte er und klopfte auf die Pistole auf seiner rechten Hüfte, »Sie wissen bestimmt, wie unangenehm es für Sie werden kann, wenn Sie sich Ihrer Verhaftung widersetzen?« Sein Blick hielt dem Kayos stand, dann wandte er sich an Garba. »Auf Handschellen können wir verzichten, Sergeant.«

Garba nickte.

Kayo schaffte noch einen letzten Protest. »Was für regierungsfeindliche Umtriebe sollen das sein?«

Sergeant Ofosu schaute ihn an. »Ich weiß, Sie sind Muslim wie mein Freund Garba hier, aber sicher kennen Sie auch den Spruch aus der Bibel: Wer nicht für mich ist, der ist gegen mich.« Er wies auf den zehn Meter weiter am Straßenrand geparkten dunkelblauen Range Rover. Auf seinem Seitenteil leuchtete das weiße Emblem der Polizei. »Folgen Sie mir.«

Aus: Die Spur des Bienenfressers
Aus dem Englischen von Thomas Brückner.

FALLOBST

Lesley Nneka Arimah / Nigeria / USA

Als du das erste Mal gestürzt bist, warst du sechs. Davor warst du zu jung zum Stürzen, und man musste dich fallen lassen, stoßen, zum Ausrutschen bringen, damit es authentisch wirkte. Aus Selbstschutz lerntest du, richtig zu stürzen, weil dich deine Mutter zu fest stieß und aus zu großer Höhe fallen ließ. Ihr lebt seit Jahren vom Hinfallen, manchmal von ihrem, aber meistens von deinem. Ein schluchzendes Kind generiert mehr Mitleid als eine zwar hübsche, aber alternde Mutter mit einem Kind.

Stürzen an sich ist eine Wissenschaft. Du kannst nicht einfach über die eigenen Füße stolpern und auf dem Gesicht landen und erwarten, dass es sich auszahlt. Zuerst musst du eine Pfütze aus irgendetwas finden (oder herstellen). Du zwickst in ein oder zwei eingeschweißte Päckchen mit Hühnerfleisch und lässt die Flüssigkeit dezent auf den Boden laufen. Den Sturz stellst du dir am besten wie einen Tanz vor: das rechte Bein hoch (zwei, drei, vier), das linke Bein einknicken (zwei, drei, vier), seitlich landen und auf die Aufmerksamkeit des

Publikums warten. Zunächst vergießt du leise Tränen, die sich zu einem gequälten Heulen steigern, weil alle Anstrengungen, gleichmütig zu bleiben, nicht fruchten. Bring dein Kind für die bessere Wirkung ebenfalls zum Weinen, oder noch besser, lass es während des Sturzes los, lass es von der Hüfte rutschen. Als zusätzlicher Bonus werden seine Verletzungen echt sein.

Jedes Jahr werden schätzungsweise sechshundert Klagen gegen Lebensmittelläden und Supermärkte im ganzen Land wegen Fahrlässigkeit, Diskriminierung, Gutscheinbetrugs und so weiter eingereicht. Zweihundert dieser Fälle werden ohne großes Trara abgewiesen, einhundert werden vor Gericht ausgefochten, aber bei den restlichen dreihundert Fällen wird man sich auf eine geheime Summe und ein Redeverbot einigen. Die Chancen stehen gut für dich.

Du hast nicht schon immer so gelebt, jedenfalls stellst du dir das vor. Es gibt ein gut erhaltenes, geldbeutelgroßes Familienporträt von deiner Mutter, das sie in ihrer Handtasche bei sich trägt, auf dem sie ein Baby (wahrscheinlich dich) auf dem Schoß hält. Sie ist jünger und hübscher und trägt einen Stillpullover, in dem sie sich heute nicht einmal tot zeigen würde, mit verrückten Mustern und Farben, als wäre er von einem Epileptiker auf dem Höhepunkt eines Anfalls designt worden. Hinter ihr steht ein Mann, dieser »hässliche Scheißkerl«, der dich gezeugt hat und dann zweieinhalb Jahre später gestorben ist; es hat ihn bei einem Unfall auf einer Bohrinsel in unzählige Fleischtrümmer zerrissen. Das Einzige von ihm, woran du dich erinnerst, sind seine großen, haarigen Hände und der metallische Geschmack des dicken Goldrings, den er immer trug. In derselben Handtasche bewahrt deine Mutter ein Bild von dem Haus auf, das sie sich von der Abfindung gekauft hat, die sie nach dem Unfall bekam. Das Haus ist wunderschön. Wenn sie weint, hält sie dieses Bild in den Händen.

Deine Mutter ist eine Frau, die sich nach der Aufmerksamkeit von Männern sehnt. Mit dem Geld kamen auch sie, fickten sich in ihr Leben und durch ihr Konto und zehrten beides auf. Die Abfindung war weg, als du vier warst, und das Haus auch, weil es als Sicherheit für das Projekt irgendeines Milchgesichts hinterlegt worden war. Irgendwas von wegen Sportstudio oder Solarium, du kannst dich nicht mehr so genau erinnern. Es ist nichts, worüber ihr sprecht.

Du redest dir gern ein, dass der erste Sturz, also der, seit dem du ständig eine Stützschiene am Knöchel tragen musst, echt war. Dass sie nach der größten, frischesten Aubergine in der Auslage griff, dabei aber ausrutschte, und, oh Scheiße, das Baby fallen ließ. Der Laden regelte die Angelegenheit ohne großes Theater und gab dem übereifrigen Obst-und-Gemüse-Befeuchter die Schuld daran, dass der Boden nass war. Das Geld reichte gute drei Jahre und hätte vermutlich noch länger gereicht, wäre da nicht Matthias gewesen, der Automechaniker. Und Chuks, der Türsteher. Und Dwayne, der Sexualstraftäter, wie du bald herausfandest. Einigen Leuten fällt es leicht, gut zu sein, solange alles prima läuft, aber ihnen fehlt die Stärke, harte Zeiten durchzustehen. Deine Mutter gehört zu ihnen.

Sie hätte zu ihrem Vater gehen können, den Kopf so tief gesenkt, dass sich Kies und Blätter im Haar gesammelt hätten, aber sie hatte gegen seinen Willen geheiratet, war gegen seinen Willen in die Staaten gezogen und hatte dich gegen seinen Willen bekommen, und all das mit einem Mann, den er »diesen Idioten aus Calabar« nannte. Der Großfamilie wurde verboten, der Hochzeit beizuwohnen, und du weißt nicht einmal, wie dein Großvater aussieht, du weißt nur, dass du ihm so gar nicht ähnelst und deine Mutter dankbar dafür ist.

Du hast so oft deinen Namen und deinen Wohnort geändert, dass du angefangen hast, »Amara« auf staubige Autos im ganzen Land und in verstreutes Kaffeepulver auf Motelfrühstückstheken zu schreiben, und du flüsterst ihn, wenn du einschläfst, damit du nicht vergisst, welcher Name dein echter ist. Und so läuft es, Jahr für Jahr: der Sturz, die Bezahlung, der Glamour. Immer gefolgt von der Flucht aus dem Fenster eines Apartments oder gemieteten Wohnwagens, die Klamotten in Kissenbezüge und Einkaufstaschen gestopft, die dann in den Kofferraum des Autos geworfen werden (bitte, lieber Gott, lass es anspringen), und auf geht's zum nächsten Ort, zum nächsten Ziel.

Du saßest in der Lobby von Jones and Margus und hieltest dir vorsichtig deinen eingegipsten Arm. Es hätte auch Hunter and Cleb oder Dynasty and Associates sein können, irgendeine dieser Kanzleien, die es auf Unfallmandate abgesehen hatten. Deine Mutter saß neben dir und zog dich hoch, als man euch in ein kleines Büro brachte. Bei Kanzleien dieser Größe begutachtet ein Juniorkollege, irgendein unglücklicher neuer Absolvent von einer juristischen Fakultät aus der Nähe, die Kläger.

Du warst erleichtert zu sehen, dass eine Frau hinter dem Schreibtisch saß. Das ersparte deiner Mutter, als erniedrigende letzte Option einen Blowjob anzubieten, um den Anwalt davon zu überzeugen, deinen Fall zu übernehmen. (Es entband außerdem dich von der Pflicht, selbst einen in Aussicht zu stellen, diskret natürlich – und erst nachdem du dreizehn geworden warst –, wenn deine Mutter so tat, als müsste sie auf die Toilette.) Als die Frau die Informationen herunterrasselte, die ihr so weit zur Verfügung gestellt hattet, nahmst du einen Brieföffner, der an der Kante des Schreibtisches lag, und drehtest ihn zwischen den Fingern. Der Griff war schwer und schien aus Knochen geschnitzt zu sein.

»Es tut mir leid, aber ich denke nicht, dass wir Ihren Fall übernehmen können.« Darauf wart ihr vorbereitet, und deine Mutter startete eine Schimpftirade. Sie war tränenreich und hässlich und bis zum letzten Schniefen genau vorbereitet. Die Kanzleikraft blieb höflich, aber ungerührt und betrachtete dich, nicht deine Mutter. Du bemerktest euren Fehler, diesmal hättest du diejenige mit dem tränenreichen Monolog sein müssen. Diese Nummer ist immer heikel.

Wenn du mit einem Kind arbeitest, musst du es bei den Frauen einsetzen. Die meisten haben selbst Kinder, andere wünschten, sie hätten welche, weshalb Tränen Anteilnahme hervorrufen. Männer sollten von der Frau selbst bearbeitet werden, mit wogendem Busen und fließenden Tränen. Wenn das Alter die Straffheit von Gesicht und Körper getilgt hat, achte darauf, wie die Blicke der Männer der reifenden Figur des Kindes folgen. Für einen kurzen Zeitraum wird sie perfekt sein: alt genug, um die Lust der Männer zu entfachen, jung genug, um das Mitleid der Frauen zu erregen. Setze es ein.

»Marsha bringt Sie hinaus, und den da hätte ich gern zurück, danke«, sagte die Mitarbeiterin und deutete auf den Brieföffner, den du noch in der Hand hieltest. Während du ihn ihr reichtest, mit dem Griff voran, sahst du ihr in die Augen. Ihr Blick wirkte, als hätte sie dich durchschaut. Du hattest das Gefühl zu fallen, und du wusstest nicht, was in dich gefahren war, aber du ließest nicht los. Es kam zu einem Tauziehen, das die Kanzleiangestellte schließlich gewann, aber nur, indem sie dir den Brieföffner in einem solchen Winkel aus der Hand riss, dass sie dir dabei die Handfläche zerschnitt.

Deine Mutter ergriff wie immer die Gelegenheit und kreischte: »Oh mein Gott, Sie haben sie geschnitten! Oh, Baby, Graceline, geht es dir gut? Ich verklage Sie!«

Die Frau entschuldigte sich ausgiebig und knüllte Papiertaschentücher zusammen, um die Blutstropfen zu stillen. Aber deine Mutter war mittlerweile voll in Schwung, die blutende Handfläche ihr Requisit, und mit dir im Schlepptau stürmte sie in die Lobby.

Die Kanzlei tauschte einen großen Scheck gegen eine fallen gelassene Klage und euer Stillschweigen, und die nächsten Monate lebtet ihr wie Königinnen. Ihr zogt in ein Motel, in dem du dein eigenes Bett hattest, eine Seltenheit, und deine

Mutter gab dir täglich Taschengeld, das du auf dem Jahrmarkt eine Viertelmeile entfernt ausgeben konntest. Während du zum Jahrmarkt humpeltest, vergnügte sich deine Mutter beim Shoppen und mit den Männern, die in ihr Leben hinein- und wieder heraushuschten, mit der Schnelligkeit einer Eidechsenzunge. Du verbrachtest die Tage damit, auf dem Schleudersitz zu balancieren und deine Treffsicherheit an der Schießbude zu verbessern. Du bestandst darauf, allein durch den Liebestunnel zu fahren, trotz der Bemühungen des Schaustellers Giles, dir einen Partner zu organisieren (»Kommt schon, Jungs, ihr lasst doch wohl die kleine Lady nicht allein fahren!«), und seinen Versuchen, dich später am Abend, wenn er Feierabend hatte, zu begleiten. Die Kinder, die in der Schlange warteten, kicherten, weil du allein fuhrst. Während sie ihre Tage auf dem Jahrmarkt damit verbrachten, gluckenden Eltern oder den Dunghaufen der ausgestellten Tiere auszuweichen, musstest du dich, zu sehr die Tochter deiner Mutter in Gesicht und Körper, den Händen gieriger Männer entziehen.

»Baby, ich bin so stolz auf dich.«

Deine Mutter lag neben dir auf deinem Bett und zupfte an den Plastikbeschlägen deines Stützverbands, eine nervöse Angewohnheit, die sie von dir übernommen hatte. Vom Müll in der Ecke stieg der Geruch von chinesischem Essen auf, und schon bald würden sich dort die Kakerlaken versammeln, an denen sie sich nie störte. Sie winkte mit der Hand in den Raum, die Finger voller Modeschmuckringe. »Das alles dank dir.« Deine Handfläche, durch eine alte Narbe entstellt, juckte.

Du hattest nie einen anderen Lebensstil in Betracht gezogen, du warst an deine Mutter gebunden, durch Vertrautheit und eine Ahnung von Loyalität. Dann merktest du, dass du schwanger warst. Du saßest im Auto auf dem Parkplatz eines 7-Eleven, als dir deine Mutter fünf Dollar für Tampons gab, wie sie es mit militärischer Präzision jede dritte Woche von jedem Monat getan hatte, seit du zwölf warst.

»Ich bin ganz überrascht, dass du mich noch nicht gefragt hast.«

In der Stille, die folgte, wogen die Worte schwer. Schließlich kauftest du dir einen Schwangerschaftstest, und fünfunddreißig Minuten später bestätigte sich im flackernden Fluoreszieren eines Tankstellenklos das Vorhandensein eines Embryos.

Es gab diverse vaterschaftliche Optionen. Eine war Billy, der Kanzleimitarbeiter und Empfänger eines Blowjobs, der außer Kontrolle geraten war. Nachdem sie euch erwischt hatte, zückte deine Mutter deine Geburtsurkunde, die die Entbindung eines Mädchens beglaubigte, das heute fünfzehn Jahre alt war und damit zu jung, um über einen Schreibtisch gebeugt zu sein, mit dem nackten Bauch auf dem polierten Holz, und von einem Mann besprungen zu werden, der fast doppelt so alt war wie sie. Er hatte keine Sekunde verloren, um deine Klage ganz oben auf den Stapel zu legen. Das Geld hatte ein paar Wochen gereicht, bis ihr für das Abschleppen eures Autos vom Highway zum Lucky Leaf Truck Stop bezahlen musstet. Dabei war euch Randall, der Trucker, behilflich, von dem sich herausstellte, dass er der Typ war, mit dem es ein Mädchen treiben musste, um hier eine Mitfahrgelegenheit zu bekommen. Er ließ euch drei Tage und zweitausend Meilen später raus und verabschiedete sich mit einem letzten Hupen und einem Bündel, das achthundertfünfzig Dollar zählte. Ihr benutztet das Geld, um ein Auto von Jerry, dem Gebrauchtwagenhändler, zu kaufen, der davon überzeugt werden musste, mit dem Preis für den dunkelgrünen Camry, der deiner Mutter so gut gefiel, runterzugehen.

Du konntest es dir nicht leisten, zum Arzt zu gehen, und warst nie lange genug in einer Stadt, um eine Klinik auszumachen, die auch Menschen ohne Krankenversicherung behandelte, also gabst du jeden Dollar, den du entbehren konntest, für Babybücher, Elternratgeber und Töpfchentrainingsbroschüren aus. Du warst davon überzeugt, eine Windel in 12,8 Sekunden wechseln zu können.

»Sehr kleine Kinder brauchen während des Aufwachsens Stabilität, um sich gesund zu entwickeln«, last du laut aus deiner neuesten Anschaffung, *Die Formel für das Kindeswohl*, vor. Deine Mutter hielt den Blick auf die Straße gerichtet. Du warst schon im sechsten Monat und gabst ihr immer wieder Hinweise, dass euer unbeständiger Lebensstil nicht zu einem »angemessenen Umfeld« für das Baby beitragen würde. »Wie denkst du darüber?«

Sie drehte das Radio lauter, unterbrach dich. Ein tiefer, wummernder Bass füllte den Wagen. Sie ignorierte dich jetzt oft, stand auf und ging, wenn du wieder eine deiner »Babytiraden«, wie sie es nannte, losließest. Aber in diesem Moment wart ihr beide in einem sich fortbewegenden Fahrzeug gefangen, also entschiedst du, an dem Thema dranzubleiben, und drehtest die Lautstärke runter.

»Wir können so nicht weitermachen. Wir müssen irgendwo anhalten, und ich meine *wirklich* anhalten.«

»Hältst du mich für dumm, oder was? Ich weiß, dass wir irgendwo anhalten müssen.«

»Okay, aber es muss bald sein.« Du tätscheltest deinen Bauch, der jetzt den Umfang einer dieser handlichen Wassermelonen hatte. Früher hattest du deiner Mutter gegenüber spekuliert, dass es Zwillinge sein könnten, aber sie hatte nur mit den Augen gerollt. Du hieltest dich an der Seitentür fest, als der Wagen auf den Standstreifen schlingerte. Deine Mutter herrschte dich an.

»Wenn du mir etwas zu sagen hast, dann sag es.«

»Ich sage nur, dass es bald sein muss. Wenn du anhältst, muss es bald sein, mehr nicht.«

»Glaubst du, ich weiß das nicht? Hältst du mich für eine schlechte Mutter, oder was?«

Die Frage kam aus heiterem Himmel. War sie eine schlechte Mutter? Du warst fünfzehn Jahre alt und schwanger, weil sie einen Preisnachlass auf einen zerbeulten grünen Toyota gewollt hatte. Du warst dir nicht sicher, was du antworten solltest, also sagtest du nichts. Sie lenkte den Wagen zurück auf die Straße und fuhr still weiter.

Im nächsten Ort hielt sie vor dem ersten Supermarkt, den ihr saht. Du hattest darauf bestanden, so gesund wie möglich zu essen, und holtest dir regelmäßig frisches Obst, das du schnell aufaßt, damit es nicht verfaulte. Deine Mutter hielt auf dem ersten freien Parkplatz und gab dir einen Zwanziger.

»Beeil dich.« Sie hebelte ihren Sitz zurück und schloss die Augen.

Du stiegst behutsam aus dem Wagen und gingst zu dem Laden. Direkt davor verkauften ein paar Mädchen, die ihren Abzeichen nach Schülerinnen der Glyndon Elementary School waren, Kekse an herauskommende Kunden. Zwei Frauen, vermutlich Mütter der Mädchen, beaufsichtigten sie, wechselten Geld und strichen die Schuluniformen glatt. Eine Frau, klein und rund wie eine Grapefruit, richtete einem der Mädchen den Pferdeschwanz. Das Mädchen bewegte den Kopf, während es sprach, und der Pferdeschwanz wurde etwas schief und locker. Die Frau würde ihn bald wieder richten müssen. Es war eine einfache, mühelose Geste, aber dir wurde klar, dass du nie auf diese Weise die Hände deiner Mutter in deinem Haar gespürt hattest. Du gingst an ihnen vorbei in den Laden und nahmst einen Einkaufskorb. Statt zum Obst und Gemüse gingst du in den Bereich mit den Kindersachen. Du würdest nichts kaufen, bis du das Geschlecht des Kindes kanntest, und du musstest Geld sparen, aber es war schön, einfach zu schauen.

Ein paar kleine Jungs rasten auf dich zu, Eistüten in den Händen. »Entschuldigung, Ma'am«, »Schuldigung«, »Sorry«. Höflich vermieden sie es, dich anzurempeln, und du schicktest ihnen ein Lächeln hinterher, weshalb du auch die

Pfütze aus geschmolzenem Eis nicht sahst, die einer der Jungs hinterlassen hatte.

Du ließest den Einkaufskorb fallen. Deine Beine glitten unter dir weg, das rechte kreuzte das linke, die scharfen Kanten deines Stützverbands fanden keinen Halt auf den Fliesen. Deine Knie knickten ein, und du strecktest die Hände aus, um dich aufzufangen. Dein Gesicht richtete sich nach vorn aus. Du wusstest aus jahrelanger Erfahrung, dass dein Kinn der Aufschlagpunkt sein würde, und du wappnetest dich. Aber dein Bauch fing den Sturz ab. Er hielt erst, dann sackte er ein und breitete sich aus wie ein Knetball unter der Faust eines Kindes. Der Schmerz war unmittelbar und grell. Du hörtest jemanden schreien und das besorgte Murmeln der Menge, die sich um dich versammelte. Als das Wehklagen eines Rettungswagens in der Ferne ertönte, wurdest du ohnmächtig.

Du hattest das Kind verloren. Die Krankenschwester informierte dich darüber, sobald du aufwachtest. Sie sprach zügig und fügte hinzu: »Du bist ja noch jung.« Es war ein Mädchen, und du dachtest an das rosafarbene Lätzchen, auf das du vor zwei Ortschaften verzichtet hattest. Immer wieder verlorst du das Bewusstsein, während dein Körper dichtmachte, um sich selbst zu reparieren. Du durftest einige Stunden lang keinen Besuch empfangen. Der erste war wenig überraschend deine Mutter.

Es war mitten am Tag, aber deine Augenlider waren noch schwer. Du lagst auf der Seite, eine Empfehlung des Arztes. Die Gardinen waren zugezogen, und das trübe Licht lullte dich in einen leichten Schlaf. Du wachtest alle paar Minuten auf, wenn deine Mutter den Raum betrat oder verließ. Du konntest ihre Stimme auf dem Flur hören. Sie war schrill, und du wusstest, dass sie entweder aufgeregt oder wütend war. Sie kam herein und setzte sich. Ihre Hand strich über deinen verschwitzten Kopf, und sie beugte sich zu dir, ihre Lippen berührten dein Ohr, als sie dir etwas zuflüsterte.

»Fünfhundert*tausend* Dollar, Baby. Das ist mein Mädchen.«

Du zogst deinen Kopf von ihr weg. Sie glättete das Laken unter deinen Schultern, und für jeden, der zusah, musste sie in diesem Moment wie eine fürsorgliche Person ausgesehen haben. Wenn es dir gelänge, sie ebenfalls aus dieser Perspektive zu betrachten, würdest du das vielleicht irgendwann auch selbst glauben.

Aus: Was es bedeutet, wenn ein Mann aus dem Himmel fällt
Aus dem Englischen von Zoë Beck.

DIE ART VON EHE ODER JENE

Ama Ata Aidoo / Ghana

W ährend Ali in Accra versuchte, mit sich selbst ins Reine zu kommen, beschloss Esi, nach Hause zu fahren, um das Wochenende mit Ena, ihrer Mutter, und Nana, ihrer Großmutter, zu verbringen. Sie war sehr früh am Morgen in der Stadt aufgebrochen und kam an, als die beiden sich gerade fertig machten, um in die Kirche zu gehen. Sie dachte, sie könnte sich nach der üblichen Begrüßungszeremonie und nachdem alle aus dem Haus waren, noch ein bisschen hinlegen und etwas schlafen. Aber die Dinge nahmen einen anderen Lauf. Als ihre Großmutter fertig angezogen war in ihrem gestärkten Gewand, das beim Gehen die interessantesten Geräusche machte, trat sie auf Esi zu und forderte sie auf: »Bitte, setzen wir uns, Lady.«

Esi verließ der Mut. Ihr wurde klar, dass ihre Großmutter beschlossen hatte, diesen Morgen dazu zu nutzen, ein paar Bekenntnisse aus ihr herauszulocken. Und sie würde damit nicht warten bis nach dem Gottesdienst. Den Trick kannte sie schon. Also, was genau fand sie so abstoßend an Oko und was an Ali so anziehend? Bis jetzt war es Esi immer gelungen, bei diesen Befragungen nicht zu viel preiszugeben. Nicht, weil sie nicht alles gründlich durchdacht hätte. Tief in ihrem Innersten fürchtete sie, dass ihre Gründe, welche auch immer es waren, nicht anständig genug wären, um sie anderen mitzuteilen. Aber Nana hatte in ihrem ziemlich langen Leben noch nie aufgegeben. Sie war entschlossen, etwas aus Esi herauszubekommen, und heute Morgen würde es ihr gelingen. Esi erzählte ihr, dass Oko der einzige Mann in seiner Familie gewesen war, zumindest einer von wenigen. Es waren zu viele Frauen um ihn herum, die sie nicht mochten. Sie hassten sie, erzählte sie der alten Dame. Wer diese Frauen waren, wollte ihre Großmutter wissen. Und Esi sagte, seine Mutter, seine anderen Mütter, seine Schwestern.

Und die alte Dame holte aus:

»Young Lady, du bist heute gekommen, um mich etwas zu fragen. Ich werde mich so sehr bemühen, wie ich nur kann, um dir eine Antwort zu geben. Ich werde außerdem versuchen, dir meine Wahrheit zu sagen und nicht irgendeine. Denn in einer Welt, in der Lügen verwöhnt werden wie Einzelkinder und Neffen von Königinnen und Königen, ist alles, was wir tun können, bei unserer eigenen Wahrheit zu bleiben. Früher konnte man etwas sagen, und man wusste, dass du und alle anderen verstanden, wovon man sprach. Das ist nun schon eine ganze Weile nicht mehr so. Heutzutage haben wir uns daran gewöhnt, dass Leute große Worte machen und wenig damit sagen oder überhaupt nichts. Sie sprechen von schönen Dingen, wenn sie Hässliches vorhaben, und sie bringen Gefahren nach Hause, die eigentlich im Busch bleiben sollten.

Du willst von mir wissen, ob du ihn heiraten sollst, deinen Ali – der schon eine Frau hat –, und eine seiner Ehefrauen werden sollst? Einen Mann verlassen, einen anderen heiraten. Wo ist der Unterschied? Außerdem hattest du deinen eigenen Ehemann, nicht wahr? Du hattest einen eigenen Ehemann, den du gerade verlassen hast, weil du sagst, er hat zu viel von dir und deiner Zeit gefordert. Aber Esi, bitte sag mir, gehört die Zeit einer Frau nicht ihrem Mann? Lady Silk, dies ist ein sehr neuer, einmaliger Grund, einen Mann zu verlassen, wenn es überhaupt einen gibt, und wenn du meine ehrliche Meinung hören willst – du und deine Geschichten, da lacht das Herz einer alten Frau, die lange nichts mehr so amüsant fand in diesem Leben.

Du kannst einen Mann verlassen und einen anderen heiraten. Esi, das kannst du. Du hast deine Arbeit. Der Staat stellt dir ein Haus zur Verfügung. Du hast dein Auto. Du hast auch schon eine Tochter. Du brauchst keinem Mann, ob alt oder jung, mehr zu beweisen, dass du eine Frau bist. Du kannst es dir aussuchen. Aber denk daran, Lady, der beste Ehemann, den es gibt, ist der, der alles von dir und all deine Zeit will. Nur der ist ein guter Mann, der seine Frau komplett verschlingt und sie mit einem ordentlichen Schluck Alkohol hinunterspült. Damals, zu unserer Zeit, genoss der Mann das höchste Ansehen, der mehr als eine Frau verschlungen hatte, je mehr, desto besser. Unsere Krieger und unsere Könige heirateten mehr Frauen als die Männer in anderen Gemeinden. Und nur, um zu beweisen, dass sie die Besten im ganzen Land waren.

Lady Silk, denk daran, ein Mann gewann immer an Bedeutung, wenn er sich auf welche Art auch immer mit einer Frau einließ. Und das beinhaltete auch Ehebruch. Vor allem Ehebruch. Und Esi, eine Frau verlor an Achtung, wenn sie sich mit einem Mann einließ. Als gute Frau galt sie, wenn sie den Weg für ihre eigene Zerstörung bereitete. Sich dagegen zu wehren, war ein Vergehen, das die Gesellschaft sehr schnell ausmachte und entsprechend gründlich und hart bestrafte.

Lady Silk, es stellte sich gar nicht die Frage, ob man diese Art von Ehe oder jene Art von Ehe bevorzugte. Es stellte sich nicht die Frage, ob man die einzige Frau war oder eine von mehreren. Es war nicht die Frage, hier oder dort, gestern oder heute Ehefrau zu sein. Es ging nur darum, dass du als Produkt einer Gebärmutter wieder ein Produkt deiner Gebärmutter hervorbrachtest – das bedeutet es, Ehefrau zu sein. Das bedeutet es, eine Frau zu sein. Esi, was glaubst du, warum geben sie sich so viel Mühe mit einem Mädchen an ihrem Hochzeitstag? Als wir jung waren, hieß es, dass die Leute, die zum Tode verurteilt waren, am Vorabend ihrer Exekution jeden Wunsch erfüllt bekamen. War das eigentlich wahr? Jedenfalls war eine junge Frau an ihrem Hochzeitstag so etwas Ähnliches. Es wurde viel Aufhebens um sie gemacht, weil die ganze Zeremonie eine Beerdigung des Wesens war, das sie hätte sein können.«

»Auf jeden Fall«, fuhr Aanaa fort, »ich habe vier Kinder gehabt, und ich weiß, dass ich jedesmal, wenn ein Baby aus mir herausgekommen ist, ein bisschen gestorben bin. Sister, es gibt in dem Augenblick, in dem das Baby aus dem Bauch rauswill, einen winzigen Moment, den Bruchteil einer Sekunde, in dem eine Frau, die in den Wehen liegt, stirbt.

Frauen sterben sowieso auf allzu viele Arten, Sister.

Es heißt, dass es nicht immer so war. Ich meine mit Frauen und Männern. Es heißt, vor langer Zeit war es anders. Aber so wie es jetzt ist, ist es schon viel zu lange, als dass es noch eine Rolle spielen würde, wie es gestern war. Außerdem erinnert sich niemand daran, wie es damals, vor langer Zeit, war. Solange sich unsere Vorfahren zurückerinnern können, schien es immer nötig gewesen zu sein, dass Frauen auf diese Weise verschlungen wurden. Aus irgendeinem Grund war das die einzige Art, wie sich Gesellschaften bildeten, überlebten und sich weiterentwickelten.

Es war die einzige Art, meine liebe Enkelin. Die Männer waren die ersten Götter des Universums, und es waren verzehrende Götter. Die einzige Art, wie sie ihr Bestes hervorzubringen vermochten – und manchmal auch das Schlechteste –, war, wenn ihrem Ego geopfert wurde: regelmäßig. Je blutiger das Opfer, desto besser. O ja. Es gibt andere Götter. Sie sind nicht weniger blutdürstig und gleichermaßen unversöhnlich. Wir Afrikaner haben es zugelassen, dass wir regelmäßig dem Ego der Europäer geopfert werden, oder? So dass sie unter anderem

starke Maschinen aus Feuer bauen können, um uns alle zu ver-
brennen, und dann fahren sie zum Mond … Ach, ach, ach, ich
muss ausspucken!

Bin ich etwa der Meinung, dass es immer so sein muss? Ge-
wiss nicht. Es kann sich ändern. Es kann besser werden. Das
Leben auf dieser Erde braucht nicht immer so zu sein, dass
manche Menschen Götter sind und andere die Opferlämmer.
Das kann sich tatsächlich ändern. Aber es wird dafür so viel be-
nötigt. Nicht Zeit. Zeit war eigentlich immer genug vorhanden
für alles, was jemand wirklich wollte. Was wir brauchen, ist viel
Denken und noch mehr Handeln. Aber die Frage ist, ob wir bereit sind, unsere Köpfe und unsere Körper genug anzustrengen.
Sind wir Menschen überhaupt bereit, es zu versuchen?

Im Übrigen ist es sehr wohl möglich, dass das Leben auf
dieser Erde gut für uns alle ist. Lady Silk, es ist alles möglich.«

»Und?« fragte Nana.

»Ja, Nana?«

»Dein Mann von den Grasslands, hat er keine Schwestern
und Mütter?«

Esi sagte ihr, dass Ali ihres Wissens ein Einzelkind war. Keine Brüder. Keine Schwestern. Und die Leute seiner Großfamilie wohnten weit, weit entfernt. Tatsächlich war das einer der
Hauptgründe, warum sie überlegte, ihn zu heiraten. Nana fiel
fast von ihrem niedrigen Hocker.

Esis Mutter stand breitbeinig da, die Hände in die Hüften
gestemmt, sah Esi böse an und nannte sie eine Hexe. »Wie
kann ich dich meine Tochter nennen, wenn du andere Menschen hasst?«

»Ena, ich hasse doch niemanden. Es ist nur … «

Die beiden älteren Frauen ließen sie nicht einmal ausreden.
Wieso? Eine perfekte Ehe zerstören, weil der Ehemann zu viele Leute von seiner Familie um sich herum hat? Ey. War das
früher nicht genau einer der Hauptgründe, warum eine Familie

ihre Prinzessin überhaupt einem Mann zur Frau gab? Und wie kann man sich einreden, man mag einen Mann deshalb, weil man nicht einen einzigen Verwandten von ihm kennt? Ey. War das früher nicht eher ein Grund gewesen, einen Mann zu meiden?

»Jetzt sag mir, Lady«, hob Nana sehr ernst und langsam an, »wenn du mit deinem Mann von den Grasslands zusammen bist und ihm etwas zustößt, an wen wendest du dich dann?«

Esi dachte über die Frage nach und gab die Antwort. »Nana«, begann sie, »wenn er hierherkommt und um meine Hand anhält, muss er jemanden mitbringen. So will es der Brauch, nicht wahr?«

Nana nickte.

»Nana«, fuhr Esi mit ihrer Antwort fort, »ich würde mich an denjenigen wenden, den er bei seinem Besuch bei euch und meinen Vätern mitbringt, wenn ich mit Ali zusammen bin und ihm etwas zustößt.«

Das war eine ziemlich nüchterne Antwort, hier sprach die Sozialwissenschaftlerin und Statistikerin …

Esis Mutter murmelte: »Ey, Esi«, und rannte davon. Ihre Großmutter hatte nicht protestiert.

Im Stillen freute sie sich über den scharfen Verstand ihrer Enkelin und gab sich bereitwillig von der neuen Lebensklugheit einer jungen Frau, die so viel Bücherweisheit mitbekommen hatte, geschlagen.

Als die älteren Frauen das Haus verlassen hatten, um zur Kirche zu gehen, blieb Esi im Zimmer ihrer Großmutter. Zuerst saß sie eine ganze Weile auf einem Stuhl; sie musste zugeben, dass sie physisch und psychisch erschöpft war. Also hörte sie auf nachzudenken, legte sich auf das Bett ihrer Großmutter und fiel in einen tiefen Schlaf.

Sie schlief noch immer, als ihre Mutter und Großmutter längst von der Kirche zurückgekehrt waren und auch schon etwas zu essen vorbereitet hatten. Sie hatte überhaupt nichts gehört. Jetzt, wo sie dabei war, allmählich wach zu werden, vernahm sie ihre Stimmen.

Ena: Was sollen wir dem Kind sagen?
    Nana: Du hast schon den ersten Fehler gemacht.
    Ena: Welchen Fehler?
    Nana: Du hast sie ein Kind genannt.
    Ena: Aber sie ist doch meine Tochter?
    Nana: Ja, das ist sie.
    Ena: Und was für ein Verbrechen begehe ich, wenn …?
    Nana: Bitte überlege dir genau, was du sagst. Deine Tochter – meine Enkelin – hat uns mit einem Problem konfrontiert. Darüber reden wir. Das Wort Verbrechen sollten wir dabei nicht in den Mund nehmen.
    Ena: Aber Mutter …
    Nana: Was? Jetzt werde du nicht zum Kind und versuch, mich weichzukriegen. Du solltest inzwischen wissen, dass mir heutzutage vieles nicht gefällt. Zum Beispiel die Art, wie viele sich benehmen und sprechen. Nicht, weil die neu ist und ich alt bin, sondern weil es schlecht ist.
    Ena: Mutter!
    Nana: Du hältst jetzt den Mund. Da du deine Tochter schon ein Kind genannt hast und du meine Tochter bist, sollte ich dich vielleicht auch mein Kind nennen und entsprechend behandeln. (Sie machte eine Pause.) Hör zu, du hast Esi zur Welt gebracht. Aber wann hast du ihr das letzte Mal den Hintern abgewischt? (Esis Mutter ist wie vor den Kopf geschlagen. Sie schaut die ältere Frau an, ihre eigene Mutter, als müsste die eine Antwort auf diese Frage haben. Und sie bekommt sie.)
    Nana: Du hast nichts zu sagen, oder kannst du dich nicht erinnern? Nun, da siehst du, wie alt sie ist. Sie ist eine Frau. Und denk dran, dass, nachdem du sie Kind genannt hast, du ihr auch nichts mehr sagen kannst, was hilfreich für sie wäre.
    Ena: Siehst du, das meinte ich.

Nana: Was meintest du?

Ena: Ich meinte, sieh dir mein Leben an. Es war nichts Besonderes. Was kann ich davon schon jemandem weitergeben? Auch wenn es sich um mein eigenes Kind handelt? Und Esi ist so hochgebildet und eine so große Dame.

Nana: Hab ich dir nicht gesagt, du sollst den Mund halten? Besonders, wenn du solche Dummheiten von dir gibst. Ich frage mich, was in letzter Zeit über dich gekommen ist. (Nachdenklich) Und wie mir das entgehen konnte.

Ena: Was ist dir entgangen?

Nana: Dass du allmählich zu einer Närrin geworden bist?

Ena: Ach, Mutter!

Nana: Ja, du hast dich sehr schlecht entwickelt.

Ena: Warum sprichst du so mit mir?

Nana: Nun, meine Tochter, es ist nicht unsere Schuld, dass du und ich keine Schule besucht haben. Ich kann mir und auch dir verzeihen, dass wir nicht viel Geld verdient haben … Auch dass wir nur ein Kind haben, ist nicht so schlimm …

Ena: Manche haben überhaupt keine.

Nana: Genau, manche haben überhaupt keine.

Ena und Nana: Nur Narren bemitleiden sich selbst.

Nana: Eheheh.

Ena: Und Narren verzeiht man nicht.

Nana: Eyiwaa.

Ena: Nicht einmal sie sich selbst.

Nana: Danke!

Esi hörte im Zimmer das Gespräch der beiden, und Schmerz schnürte ihr die Kehle zu. Sie würde ihrer Mutter nie so nahe sein, wie ihre Mutter ihrer Großmutter war. Nie, nie, nie. Und sie wusste, warum. Dieses Wissen half ihr allerdings nicht viel. Sie konnte die Verzweiflung nicht einfach abschütteln. Sie konnte nur an die Leere in sich selbst ein paar Fragen richten.

Warum hatten sie sie zur Schule geschickt?
Welche Hoffnungen hatten sie damit verknüpft?
Was hatten sie sich davon versprochen?
Wer hatte sich dieses Bildungssystem ausgedacht,
das Leute ihrer Sorte hervorbrachte?
Was hatten diese Leute sich davon versprochen?

Denn so viel stand fest, ein zehnjähriges Kind von seiner Mutter wegzunehmen und von seiner Muttersprache – sicherlich eines der mächtigsten Werkzeuge der Menschen –, und das für immer, es dann in ein Internat zu schicken für zwei Jahre, auf eine höhere Schule für sieben Jahre, anschließend auf eine noch höhere Schule für drei oder vier Jahre, wo es lediglich darauf vorbereitet wurde, in die Fremde zu gehen ohne Hoffnung, jemals wieder in die Welt der Mutter zurückkehren zu können … all das war ein zu hoher Preis, um am Ende in eine so gefährliche Verwirrung, in der sie selbst und auch ihr Land sich befanden, zu geraten.

Sie versuchte ein Husten zu unterdrücken, aber es gelang ihr nicht. Ihre Mutter und ihre Großmutter hörten sie.

Von draußen erklang die Stimme ihrer Großmutter, voller Liebe und großer Besorgnis: »Lady, Lady …«

»Ja, Nana«, antwortete Esi und bemühte sich, ihre Stimme ebenso fest klingen zu lassen.

»Wenn du fertig bist, kannst du uns hier Gesellschaft leisten«, fuhr die Großmutter fort.

»Ja, Nana«, erwiderte Esi und sprang auf. Sie wusste, auch wenn sie sehr freundlich und als Bitte formuliert waren, dass die Worte ihrer Großmutter ein Befehl waren. Während sie die wenigen Schritte zu den beiden ging, änderte sich ihre Stimmung erneut. Als junge ghanaische Frau, geschiedene Statistikerin, Mutter eines Kindes, kurz davor, Zweitfrau zu werden, und so weiter, war sie sich all der gleichermaßen ernsthaften persönlichen Fragen und weniger persönlichen Fragen bewusst. Aber sie war auch bescheiden genug zuzugeben, dass die Antworten nicht von ihr als Individuum kommen konnten. Eine ganze Menge Leute hatte hoffentlich bald Antworten für sie. In der Zwischenzeit wollte sie auf ihre Großmutter hören. Sie wollte sich nicht selbst bemitleiden. Sie wollte einfach entspannen und sich in der friedlichen Ruhe ihrer Mutter und Großmutter treiben lassen.

Aus: Die Zweitfrau
Aus dem Englischen von Anita Djafari.

BESTE FREUNDINNEN

Yewande Omotoso / Südafrika

Marion hatte nicht horchen wollen, doch da stand sie oben an der Treppe und belauschte ein Gespräch, das eindeutig privat war.

»Du liebe Güte!«, sagte Hortensia und knallte den Hörer auf.

»Ist alles in Ordnung?«, fragte Marion.

»Nein, nichts ist in Ordnung.«

»Sie haben geschrien.«

»Das ist mein Haus. Ich kann hier schreien, so viel ich will. Wollen Sie wissen, warum? Hier haben Sie ein saftiges Stück Klatsch: Mein Mann hatte eine Geliebte.«

»Nicht doch.«

»Aber ja. Und zwar über mehrere Jahre – aber das ist nicht die Neuigkeit. Wissen Sie, was die beiden gemacht haben? Ein Baby, und dieses Baby ist inzwischen eine Frau und Erbin von Peters Hinterlassenschaft. Und von mir erwartet man, dass ich sie anrufe und über diesen Sachverhalt informiere, damit sein Geld dorthin gelangen kann, wo er es haben wollte. Er will, dass ich sie treffe ... Können Sie sich das vorstellen? Und die Person, die ich am Telefon zu Recht angeschrien habe, ist ein Idiot von Rechtsanwalt mit dem lächerlichen Namen Marx. Ich –«

»Hortensia –«

»Nein, lassen Sie mich ausreden. Ich bin völlig fertig. Erst Peter und sein kryptisches Testament, dann Sie mit Ihrem ewigen Bohren und diesem Beste-Freundinnen-Quatsch. Da läuft irgendwo eine Frau herum, die das Blut meines Mannes in den Adern hat. Ich habe ... « Sie machte ein paar Schritte und setzte sich. »Es ist einfach zu viel. Ich bin ... Was machen Sie da?«

»Ich komme nur ein bisschen näher.«

»Besser nicht.«

Sie blieben in der Diele und schwiegen sich an.

»Es hätte mein Kind sein sollen.«

»Wie bitte?«

Hortensia flüsterte, das hatte Marion noch nie bei ihr erlebt.

»Das war mein Kind.«

»Ich verstehe nicht –«

»Ich hätte Kinder haben sollen. Viele.«

Marions Beine wurden müde, doch es gab nur einen Stuhl in der Diele, und den hielt Hortensia besetzt.

»Das tut mir leid.«

»Und sie verfolgen mich, ein ganzes Kinderzimmer voller Gespenster.«

»Wie ein Spuk?«

»Jeden Tag.«

Marion ließ sich herabsinken, bis ihr Hintern den Boden fand. Es kümmerte sie nicht, dass es unelegant wirkte. Sie streckte die Beine vor sich aus, aber sie wollten nicht gerade bleiben, dazu waren sie schon lange nicht mehr gelenkig genug.

»Das tut mir leid.«

»Das sagten Sie schon. Hat Max ein Testament hinterlassen?«

»Er hat Schulden hinterlassen.«

Überrascht stellten Marion und Hortensia fest, dass sie lachen mussten. Sie wirkten erschrocken wie Neugeborene, überrascht, dass in solch trüben Wassern ein Scherz auftauchen konnte.

»Mal im Ernst. Sie sollten es lesen. Als ob Peter ... als ob er ... ich weiß nicht, ich weiß wirklich nicht, was er sich dabei gedacht hat.«

»Wissen Sie, wo das Kind ist? Erwartet er von Ihnen, dass Sie es ausfindig machen?«

Hortensia schüttelte den Kopf. »Ich habe alle Angaben. Marx hat mir sogar ihre E-Mail-Adresse und Telefonnummer gegeben.«

»Ich möchte nicht ... sagen Sie mir, wenn ich zu neugierig bin, aber warum, meinen Sie, hat Peter das so eingerichtet?«

»Mir fallen zwei mögliche Gründe ein. Entweder, weil er mich hasst und mich bestrafen möchte. Wofür, weiß ich nicht. Weil er die Kontrolle behalten und mich bis zuletzt herumkommandieren will.«

»Und der andere Grund?«

»Vielleicht möchte er, dass wir uns begegnen. Er liebt mich, und er liebt sie, und es tut ihm leid.«

»Haben Sie Angst, das Falsche zu tun?«

»Mir wäre lieber, wenn es sie – dieses Kind – nicht gäbe. Warum also sollte ich ihr eine E-Mail schicken?«

»Ich wüsste ehrlich gesagt auch nicht, was ich an Ihrer Stelle tun würde.«

»Dann wieder denke ich: Was, wenn sie verzweifelt ist? Ich kann mir nicht vorstellen, wie das ist – den eigenen Vater nicht kennen, seine Liebe entbehren müssen. Was, wenn das ihre einzige Chance ist, jemals zu erfahren, was er über sie dachte?«

Marion konnte nicht verhindern, dass ihr der Kiefer herunterklappte. Für einen kurzen Moment hatte Hortensia sich als weichherzige Frau gezeigt; jemand, der Plätzchen backt und Pfadfinderinnen zulächelt. Es war wie eine Entblößung – und es verursachte Marion Unbehagen. »Ich will Sie nicht drängen, darüber zu sprechen.«

»Reden Sie keinen Unsinn.«

Draußen hupte jemand, und Marion vermisste ihr Fernglas. Sie, die Königin von Katterijn, war von ihrem Ausguck vertrieben worden.

»Was ich … «, begann Hortensia erneut. »Was ich ihm nie verziehen habe, ist die Sache in Brighton. Mein Vater war gestorben, und ich konnte nicht weg aus Brighton. Ich weiß nicht mehr – ich brachte es einfach nicht fertig. Es war, als würde meine Heimkehr seine Abwesenheit erst endgültig machen. Normalerweise arbeitete ich den Sommer über in Croydon, aber in diesem Jahr war ich in Brighton geblieben, und Peter kam mich besuchen. Das war so … fürsorglich von ihm. Ich war damals schon in ihn verliebt, aber diese Geste hat etwas besiegelt. Jedenfalls schlug er vor, wir sollten an den Strand gehen. Sie müssen bedenken, dass ich am schönsten Strand der Welt aufgewachsen bin, Brighton war ein Witz für mich. Ich war schon mehrmals allein am Strand gewesen, aber noch nie mit ihm. Ein Picknick. Es war seine Idee, wir wollten den Sonnenuntergang sehen. Wir hatten eine Decke dabei. Peter legte seine Beine auf mich. Ich erinnere mich, dass ich kaum Luft bekam, doch ich sagte nichts. Das Gewicht seiner Beine zu spüren schien mir wichtiger. Mir wurde kalt, und wir breiteten unsere Kleider über uns. Es wurde Nacht. Er machte mir einen Heiratsantrag. ›Ich möchte dich beschützen‹, sagte er zu mir. Können Sie sich das vorstellen? ›Du sollst wissen, dass du dich auf mich verlassen kannst.‹ *Verlassen*, sagte er.«

Marion grunzte ihr Verständnis.

»Das werde ich ihm nie verzeihen. Ich habe ihn das tatsächlich sagen hören. Nicht nur mit den Ohren, sondern tief drinnen. Vielleicht kann man ja mit der Milz hören oder mit der Bauchspeicheldrüse. So jedenfalls fühlte es sich an, Marion. Ich hörte es mit meinen Eingeweiden.«

»Hmm.«

»Natürlich kann er es so nicht gemeint haben. Nicht nach allem, was später passiert ist. Insgeheim habe ich versucht, das Ganze ins Lächerliche zu ziehen. Heiraten, so dachte ich mir, ist ungefähr so, als würde man in einer fremden Sprache etwas im Restaurant bestellen. Man meint, man hat Fisch bestellt, und ist zu stolz, um auf Englisch nachzufragen. Und dann der Schock, wenn der Kellner etwas Blutendes, Undefinierbares vor einen hinstellt. Etwas, das man auf keinen Fall essen kann, ganz gleich, wie sehr man sich zwingt.«

Hortensia saß auf einem Stuhl. Sie beugte sich vor, um ihren Rock anzuziehen, indem sie erst die eine, dann die andere Pobacke anhob. Sie fühlte sich müde, obwohl der Tag eben erst begann. Wer hätte gedacht, dass ihr das Anziehen eines Tages solche Mühe machen würde? Außerdem ärgerte sie sich, dass sie Marion ihr Herz ausgeschüttet hatte. Das hatte sie nicht vorgehabt. Sie unterdrückte in sich den Drang, den Marion auslebte. Das Bedürfnis, zu reden und Gehör zu finden. Sie zog die Nase kraus. Manche Menschen redeten, und andere verhärteten sich. All die Jahre in Ibadan, als sie seiner Geliebten nachstellte, die Zeit der Trauer, das war die Richtung, in die die Logik ihres gebrochenen Herzens sie gelenkt hatte. Es war zwar nicht unbedingt klug gewesen, hatte aber, wie wenn etwas versteinerte, dafür gesorgt, dass sie heil blieb. Sie hatte überlebt. Die Maschinerie ihres Körpers hatte weiter funktioniert, in Gang gehalten vom Gift des Hasses. Ihre Haut war straff, man sah ihr das Alter nicht an. Hätte sie dieses andere Leben gelebt, ein Leben der Eingeständnisse und Enthüllungen, wäre sie nachgiebig geblieben und ihm nachgerannt, hätte sie gebettelt und gefleht, dann hätte das Leben sie abgenutzt und nicht umgekehrt. Und abgenutzte Dinge altern. Also hatte sie Peter zu danken für ihre makellose Haut, für ihre Schönheit.

Hortensia stand auf. Sie starrte auf das Durcheinander von

Schuhen in ihrem Schrank. Natürlich waren Schönheit oder Alterslosigkeit nicht ihr Ziel gewesen. Sie wollte Liebe. Sie schlüpfte in ein Paar braune Wildlederschuhe, nicht auffallend schön, aber auch nicht hässlich. Bedingungslose Liebe. Sie griff nach der Gehhilfe. Eine solche Zeit hatte es durchaus gegeben. Eine Zeit, in der sie ihn geliebt hatte; seine Zunge in ihrem Mund, an den Ritzen zwischen ihren Zähnen, oder ihr Hals, der sich in seine Hand schmiegte. Weiche Zeiten, in denen sie sich gestattete, nachgiebig zu sein. Wenn sie jetzt daran dachte, kam sie sich töricht vor. Und auch damals war sie sich töricht vorgekommen. Hintergangen. Sie erinnerte sich an ihren Entschluss, stark zu sein, sich zu verhärten. Auf die Erfüllung hätte sie verzichtet, wenn er sie nur nicht länger betrogen hätte. Sie setzte alles daran, ihn ihr Leid spüren zu lassen, sorgte dafür, dass durch die Nähe zu ihr auch er leiden musste. Die Ehe, die sie führten, war in Ordnung. So wie ein Haus in Ordnung ist, in dem man ein bestimmtes Zimmer nicht betritt. Nicht weil es unmöbliert wäre oder hässlich, sondern weil es dort spukt. In Wirklichkeit aber gibt es keine Spukzimmer, nur Spukhäuser.

Dennoch hatte die schniefende Marion ein System durcheinandergebracht, das bislang bestens funktioniert hatte.

Hortensia betrat die Küche. Sie ließ die Tür offen, damit sie sah, wenn Marion die Treppe herunterkam. Sie hatte die Absicht, sie hereinzurufen.

Marion erwachte mit verrenktem Hals, sie wusste, dass der Schmerz nicht von einer falschen Schlafposition herrührte. Er war da, weil es in der Natur des Schmerzes liegt, sich zu zeigen, wann und wo er will.

Hortensia gegenüber fühlte sie sich befangen, gern wäre sie ihr aus dem Weg gegangen. Es gab nichts, womit sie dieses Gefühl vergleichen konnte, außer ihrer Hochzeitsnacht, als sie die Decke hochzog, um ihre Oberschenkel vor ihrem Mann zu verbergen. Als sie zur Toilette musste und es sich nicht zu sagen traute.

Als Marion sich aus dem Bett erhob und nach ihren Hausschuhen suchte, wurde ihr schwindelig, sie hatte sich zu rasch gebückt. Sie duschte und zog ihren kamelfarbenen Rollkragenpullover an, trotz des guten Wetters war ihr kalt.

»Wegen gestern«, sagten beide Frauen gleichzeitig und dann: »Sie zuerst.« Es folgte eine Pause. Ein gemeinsamer Seufzer. Marion betrat die Küche und setzte sich Hortensia gegenüber an den Tisch. Der stets diskrete Bassey, der die Spülmaschine einräumte, ließ seine Arbeit unvollendet und entschuldigte sich.

»Was wollten Sie sagen?«

»Ich wollte sagen, dass … Ich weiß nicht, wie ich es ausdrücken soll … Ich habe versucht, mir vorzustellen, wie es war, als Sie Peters Testament gelesen haben … Wie ich mich an Ihrer Stelle gefühlt hätte.« Das war nicht, was sie eigentlich hatte sagen wollen.

»Hmm.«

Marion verschränkte die Finger ineinander. »Und was wollten Sie sagen?«

»Wie fühlen Sie sich?« Hortensia hatte ebenfalls etwas anderes sagen wollen. Die Frage schien Marion zu überraschen.

»Gut. Mein Nacken tut weh. Und Sie?«

»Ab einem gewissen Alter tut alles weh. Das hat Dr. Mama zu mir gesagt, aber bei ihm klang es lustig.«

Marion lächelte. Sie hatte etwas auf dem Herzen.

»Ich habe viel nachgedacht. O Gott!« Sie schlug die Hände vors Gesicht.

»Und nun?«

»Ich muss weinen, und dann ärgern Sie sich über mich.«

»Warum müssen Sie weinen?« Hortensia war hin- und hergerissen zwischen Ungeduld und Mitleid; sie pendelte sich irgendwo in der Mitte ein.

»Weil ich mich schäme.«

»Das ist in Ordnung.« Hortensia wich ins Praktische aus. »Sie weinen, und ich mache uns inzwischen einen Kaffee. Haben Sie diese wunderbare Maschine bemerkt? Ich habe sie bestellt, sie wurde extra eingeflogen und gestern geliefert. Eine Blumenthal. Sie werden gleich sehen.«

»Wie machen Sie das?« Marion schnäuzte in ein Taschentuch.

»Was?« Sie stellte zwei Espressotassen auf die Arbeitsplatte.

»Alles zusammenhalten.«

Hortensia liebte es, Knöpfe zu drücken. Es war so simpel: Man drückte hier und dann da, und fertig war der köstlichste Kaffee. »Ich halte nichts zusammen. Im Gegenteil, ich habe alles verloren, vor langer Zeit schon. Da gibt es nichts mehr zusammenzuhalten.« Sie stellte eine dampfende Tasse vor Marion hin, aus der anderen nahm sie einen Schluck. »So mache ich das.«

»Guter Kaffee.«

»Hervorragend, wollten Sie sagen.«

Und so saßen sie. Irgendwo im Haus ging ein Staubsauger an.

»Wussten Sie, dass ich im Sechsten Bezirk geboren wurde? Wussten Sie das?«

Hortensia schüttelte den Kopf.

»Ich kann mich nicht wirklich daran erinnern, meine Eltern sind schon im Jahr darauf umgezogen. Nach Wynberg. Dann nach Plumstead – wir haben uns immer weiter in den Süden vorgearbeitet.« Sie sog den Kaffeeduft ein. »Ich wünschte, das Alter würde mich senil machen. Am liebsten würde ich vergessen. Doch stattdessen kommen die Erinnerungen. Mir fiel wieder ein, was mein Vater immer gemacht hat, bevor er starb. Meine Eltern waren damals schon geschieden. Und alt. Ich hatte sie in einem Heim voller Juden untergebracht, genau die

Leute, die sie ein Leben lang gemieden hatten, aber sie ertrugen
es. Das Heim war in Ordnung. Ich habe sie jeden Sonntag besucht, und dann haben wir zu dritt gefrühstückt. Mein Vater
machte immer so etwas mit der Zeitung. Ich habe das nie be-
griffen. Ich dachte, er wäre vielleicht schon ein bisschen gaga.
Wir saßen also um den Tisch, und Vater begann, Überschriften
aus der *Cape Times* vorzulesen … oder war es der *Argus*? Ich
weiß es nicht mehr. Dann sagte er – mein Vater hatte eine sehr
tiefe Stimme –, er las vor sich hin und begann dann plötzlich,
etwas laut herauszuschreien, zum Beispiel: *So-und-so spricht
sich für ein Gesetz zur Bevorzugung von Weißen in Fabriken aus,*
oder: *Kampfansage an Forderung der Nationalisten nach einem
weißen Südafrika.* Oder er sagte: *Polizeieinsatz gegen protestie-
rende Bergleute, Schusswechsel in der So-und-so-Straße,* und so
weiter. Der Punkt ist, dass das in den frühen Neunzigern war
– und das waren keine wirklichen Überschriften. Er erfand sie,
vielleicht aus der Erinnerung an vergangene Zeiten. Er sprach
in einem Tonfall, als wollte er ein Statement abgeben. Vielleicht wollte er sagen: Da seht, was wir unser Land nannten …
Seht euch das an.«

Hortensia streckte die Beine aus, sie beugte sich im Stuhl
vor, um sie bis zu den Füßen massieren zu können. Sie musste
ihr Blut in Bewegung halten, denn sonst, so fürchtete sie, könnte sie nicht aufstehen. Niemals wieder.

»Solches Zeug schrie er heraus, als wollte er Geister be-
schwören, die Geister der Apartheid. Zum Ausdruck bringen
… oder zeigen, dass es ihm leidtut. So interpretiere ich es zumindest. Ich weiß noch genau, wie peinlich das meiner Mutter
war, wie sie versuchte, ihn davon abzubringen. In diesen Überschriften ging es immer wieder um Gewalt. Bitte, sagte meine
Mutter, und mein Vater hörte auf, fing aber am nächsten Sonntag wieder an. Eine machtlose Geste, und doch hat sie mir zu
denken gegeben: Vielleicht hat er es ja versucht … ich wünsche
mir, dass er es versucht hat.« Ihre Augen schwammen.

Hortensia sagte nichts. Sie massierte sich das Bein.

»Der Laden meines Vaters lief gut, und so konnten wir weiter nach Süden ziehen. Er handelte mit Schmuck. Ein Cousin mit guten Beziehungen, eine Schiffsladung von irgendwoher. Ich weiß es nicht – das hat mich damals nicht interessiert. 1951 zogen wir nach Constantia. Das Haus war nicht groß, aber jetzt hatten wir die richtige Adresse, jeder konnte sehen, dass wir es geschafft hatten. Alberta wurde eingestellt. Ihr richtiger Name war Bathandwa, aber meine Mutter fragte, ob wir sie Alberta nennen dürften. Offenbar mochte sie den Namen, auch wenn sie uns nie erklärt hat, warum. Und Bathandwa war einverstanden.«

Das alles war schon so lange her, dass Marion sich einreden konnte, sie hätte es in einem Buch gelesen. Bathandwa war älter als Marion, vielleicht Mitte zwanzig. Die vorige Putzfrau der Baumanns, eine Frau namens Hettie, war im Vorjahr an Tuberkulose gestorben, in einem Krankenhaus für Schwarze, wo es weder genügend Medizin noch Betten gab. Zunächst war Marion überrascht, wie jung Bathandwa war. Sie war überrascht, als sie ihr entstelltes Ohr bemerkte, das aussah, als hätte ein Hund es verspeisen wollen. Sie brachte nie den Mut auf, Bathandwa zu fragen, was damit passiert war.

Eine Zeit lang hatten die Smiths von nebenan kein Hausmädchen, und sie fragten Mrs Baumann, ob sie ihr Mädchen ausleihen könnten. Zwei Wochen lang teilte Alberta ihre Zeit zwischen den Baumanns und den Smiths, danach sah Marion sie nie wieder.

Eines Tages, Alberta war auf dem Weg nach draußen zum Wäscheaufhängen, begegnete Marion ihr in der Diele. Alberta fragte, ob Marion wisse, dass Mrs Smith von nebenan nur neun Zehen habe, und ob sie wisse, was mit dem kleinen Zeh ihres linken Fußes passiert sei. Und dass der Nagel von Mr Smiths Ringfinger verfault sei und bald abfallen würde. Nagelbettentzündung. Alberta sagte, Marions Mutter habe rote Striemen am Hals: War Marion klar, woher die stammten? War ihr aufgefallen, dass sie kamen und gingen? Soundso hatte ein Holzbein von einem Zwischenfall an der Grenze. Soundso trank ihre Leber kaputt. Und so weiter, ein Inventar der Narben. Marion erwiderte niemals etwas, es war ihr unangenehm, aber Alberta hörte nicht auf, im Vorbeigehen ihre Litanei vorzubringen. Einmal ging Marion in die Küche, um sich ein Sandwich zu machen. Ob sie wisse, begann Alberta, die an der Spüle stand und sich zu ihr umdrehte, dass Mr und Mrs Smith nicht ficken konnten? Er habe keinen Schwanz und sie keine Pussy. »Die Kinder sind nur ausgeliehen, ein Geschenk der Götter, die Mitleid mit den Schwachen haben.«

Marion war mit den Smith-Mädchen befreundet und blieb oft zum Tee. Eines Tages war sie bei den Nachbarn und aß mit ihren Freundinnen Cracker mit Marmite, als es irgendwo im Haus zu einem Tumult kam. Lautes Klopfen und die erhobene Stimme von Mr Smith ließen die Mädchen aufhorchen. Sie standen auf und rannten hinein, der Stimme des Vaters nach.

»Was ist los, Dad?«, fragte eines der Mädchen.

»Alberta war im Badezimmer.«

»Ich habe nur sauber gemacht. Jetzt bin ich fertig, Sir. Ich gehe nach Hause.«

Bathandwa trug dunkelblaue Jeans und ein tailliertes rotes Top. Marion sah, dass die vertraute puderblaue Uniform schon in Bathandwas Umhängetasche steckte.

»Warum trägst du die Ohrringe meiner Frau? Gib sie zurück.«

»Das sind meine eigenen Ohrringe, Sir.«

Billige, mit Strass besetzte Dinger, die fast bis auf ihre nackten Schultern herabhingen.

»Quatsch. Du hältst mich wohl für blöd! Gib her.«

Alle standen wie erstarrt im Flur. Marion und die Smith-Mädchen versuchten, einen Blick auf Bathandwa zu erhaschen, doch der massige Körper von Mr Smith verstellte ihnen die Sicht.

»Aber das sind meine, Sir.«

Seine Hand schoss vor und schlug ihr ins Gesicht.

»Und die Schuhe auch«, sagte er.

Es waren neue hochhackige Schuhe, mit denen Bathandwa Marion gegenüber noch in der Woche zuvor geprahlt hatte.

»Zieh sie aus.«

Mr Smith entkleidete das Mädchen, das sein Haus putzte. Gegen Ende, als sie schon fast nackt war, sagte er. »Und woher kommt dieser Geruch. Wer hat dir erlaubt, das Parfüm meiner Frau zu benutzen?«

Später sprach niemand mehr davon. Mrs Smith kam nach Hause und hob nur eine Augenbraue, als Mr Smith ihr erzählte, er habe das Mädchen beim Stehlen erwischt. Er händigte seiner Frau Sachen aus, die ihr nicht passten, Schuhe, die sie niemals getragen hätte. Die Smiths bekamen schließlich ihr eigenes Mädchen, und auch die Baumanns suchten sich einen Ersatz. Noch bevor das Mädchen ihnen ihren Namen sagen konnte, fragten sie, ob sie sie Alberta nennen könnten.

»Die Apartheid ist passiert, verstehen Sie, Hortensia?«

»Ich höre.«

»All diese Dinge sind passiert, und ich habe nichts dagegen unternommen.«

Hortensia nahm einen Geruch wahr. Eine Mischung aus Schweiß und Gesichtscreme.

»Obgleich es direkt vor meiner Nase geschah, habe ich nichts getan. Ich bin an den Leuten vorbeigegangen, ohne sie zu sehen. Ich habe eine ganze Bevölkerung, eine ganze Geschichte einfach ausgeblendet. Ich tue das auch weiterhin. Sie kennen doch Agnes, sie hat mich mal gefragt, ob ich meinte, sie wäre zu alt, um ihren Highschool-Abschluss nachzuholen. Mein Gott, das ist Jahre her. Die Kinder waren schon alle auf der Welt. Agnes dürfte – ich weiß nicht genau – Anfang vierzig gewesen sein. Und sie sagte eines Tages ... sie wusch gerade ab, und ich fragte, warum sie nicht den Geschirrspüler benutzte. Ich habe ihr damals ständig Vorhaltungen gemacht. Warum sie nach all den Erklärungen den Gebrauch der Haushaltsmaschinen immer noch nicht beherrschte. Warum sie noch immer kein nasses Handtuch falten, kein Spannbetttuch zusammenlegen konnte. Jedenfalls fragte sie mich, ob ich meinte, sie könne noch studieren, und erzählte mir, dass sie gern Lehrerin geworden wäre. Und wissen Sie, was ich zu ihr gesagt habe? Ich sagte, es sei ... ich sagte, dass es zu spät sei.« Nachdem Marion es ausgesprochen hatte, musste sie erst einmal tief Luft holen. »Sie sagen, ich bin eine Heuchlerin. Ich kann nicht anders. Ich muss so tun, als wäre das irgendwo anders passiert, als hätte ich es in einem Buch gelesen. Sonst könnte ich morgens nicht aufstehen.«

Marion senkte den Kopf, wandte sich ab. Sie weinte nur kurz, dann glättete sie unnötigerweise ihren Rock, stand auf und verließ die Küche.

Aus: Die Frau nebenan
Aus dem Englischen von Susanne Hornfeck.

LANDEINWÄRTS

Koleka Putuma / Südafrika

Es braucht Stärke zum Trauern,
um auseinanderzufallen,
um leck zu schlagen: Menschen,
die nie mehr zu dir zurückkehren.

Und dennoch
bringt man uns bei,
dass Trauern das Gegenteil von Stärke sei.

Wie viele von uns sahen unsere Mütter weinen:
ein Weinen,
das dich in jede Faser hinein durchtränkt.
Im Salzwasser ertrinken,
hilfesuchend, wild mit den Armen umherschlagen.

So ein Weinen,
mit dem du ringst und handelst,
dass es dich gehen lässt,
lebendig.

NEBEL UND ANGST

Yvonne Adhiambo Owuor / Kenia

Die Sonne brannte auf einige abgeschiedene Außenposten der Welt, wo der Geist des britischen Empires noch lebendig war. Babu Paratpara Chaudhari wischte das Glas ab, das seine Zähne enthielt, als er durch die sonnenbeschienene Tür seines grellgrünen Ladens in einer Gruppe von neun Personen einen hellhäutigen Mann erspähte, der mit einem glitzernden Gegenstand in der Hand auf sein Geschäft zukam. Babu sah die Weißen immer zuerst. Es war seine Art, mit einem England in Verbindung zu bleiben, das er sich ausgemalt, geliebt, aber nie mit eigenen Augen gesehen hatte. Mutwilliges Reisen und Vertreibung in ferne Länder hatte seine Brahmin-Familie zu Händlern gemacht. In dem Bemühen, sich an den saftlosen Strohhalm seiner Kaste zu klammern, hatte Babu Chaudhari seinen geografischen Landsleuten die Rolle der *Panchamas* zugewiesen, während er selbst sich in der amorphen Rolle des freiwillig auf nichtbritischem afrikanischem Boden Gestrandeten einrichtete. Der Vater seines Vaters hatte mehrere Geschäfte im Norden Kenias eröffnet und war dann nach Äthiopien ausgewandert. Babu Chaudhari fragte sich oft, warum er 1962 nicht zusammen mit dem Rest seiner Familie von Ostafrika nach Rushey Mead im englischen Leicester gezogen war. Stattdessen war er allein zurückgeblieben, um die Familiengeschäfte zu verkaufen, doch als er bei diesem, dem siebten von sieben, angelangt war, kam ein Kunde herein und dann noch fünf weitere. Er hatte sie alle bedient, mit dem festen Vorsatz, den Laden am Ende des Tages zu schließen. Um sich selbst zu versichern, dass er nur auf der Durchreise war, verfasste er jedes Jahr im Januar eigenhändig eine Stellenanzeige für einen Filialleiter, die er an die Tür heftete: *Gehalt Verhandlungssache, Unterkunft und Verpflegung inklusive. Nur Hindi, Urdu oder Gujarati sprechende Bewerber mit Hochschulabschluss.* Er hatte nicht einen geeigneten Anwärter gefunden. Sechsundvierzig Jahre später war er immer noch hier.

Eine Fliege schwebte über einem Sack mit fünf Jahre altem Kurkuma.

»Sch. Sch.« Babu verscheuchte sie.

Er stützte das Kinn in die Hand.

Babu bewegte sich kaum. Gicht und Gallensteine. Seine finstere Alltagsmiene verbarg Ernüchterung. Er verlagerte das Gewicht seines dicken Körpers, und ihm fiel die Haltung des Weißen auf – korrekt, so wie es sich für einen Engländer gehörte. Er runzelte die Stirn über den doppelschnalligen Rucksack des Mannes, entspannte sich jedoch, als er sah, dass dieser aus genarbtem Leder statt aus chinesischem Plastik bestand. Teure, dunkelgrüne Cargo-Hose im Armeestil, beigefarbener Mantel über einem weiten, cremefarbenen Hemd, was alles der Staub, wie Babu wusste, bald rotbraun färben würde. Der Mann war groß, glatt rasiert, breitschultrig und auf subtile Art muskulös; das zottige, grau melierte Haar klebte ihm an der Stirn. Babu ging jede Wette ein, dass er seinen Bart nach fünf Tagen wild wuchern lassen würde. Während Babu mit wachsamem Blick darauf wartete, dass der Mann ihn ansprach, ging er im Geiste

alle Waren durch, die er abstoßen wollte: abgelaufene Malaria-
tabletten, Currypulver und andere Gewürze aus den Siebziger-
jahren. Er konnte sie mischen und als Heilmittel gegen Zecken-
fieber ausgeben. Wenn er noch ein Mantra beifügte, konnte er
sogar vorgeben, dass die Mischung, wenn man sie während
eines Rituals einnahm, bei dem man wilden Salbei verbrannte,
das Antlitz Gottes heraufbeschwöre. Weiße hatten eine Schwäche für derlei Dinge. Außerdem würde das den Preis rechtfertigen.

Babu presste die zahnlosen Kiefer aufeinander und funkel-
te den betagten Esel böse an, dessen gequältes »Iah« ihm die
Tage und die meisten Nächte vergällte.

Isaiah William Bolton ließ das tote Mobiltelefon in seine Tasche gleiten, ging mit großen Schritten auf das Geschäft zu und
strich die Falten aus seinem Mantel, die das Ergebnis eines be-
engten Flugs in einem Viersitzer waren – ein Streuflugzeug, wie
er vermutete. Er ließ den Blick über die Sardinen, den Knob-
lauch, den Pfeffer und die Cadbury's-Schokolade schweifen.
Ein Kichern hinter ihm. Er drehte sich um. Zwei Frauen mit
kajalumrandeten Augen starrten ihn an. Eine von ihnen zwinkerte – ein träges Blinzeln mit langen Wimpern, das ihn an das
der Kamele erinnerte. Isaiah grinste schief. Definitiv eine Welt,
die besser kennenzulernen sich lohnte.

»Sch. Sch.« Mit nach unten gezogenen Mundwinkeln verscheuchte Babu Chaudhari Frauen und Fliegen. Ekelhaft, diese
Gefahr eines befleckten Stammbaums.

Heute hatte Babu Chaudharis Haut alle möglichen Braun-
schattierungen, doch in seiner Jugend hatte man ihn für sein
blond gesträhntes Haar, die helle, sonnenempfindliche Haut
und die fast blauen Augen geschätzt. Besonders stolz war er auf
seine schmale Nase, ihre strenge Symmetrie. Von dem Moment
an, als er mit seinen goldenen Locken den Mutterschoß verlas-

sen hatte, war er der Liebling aller gewesen, ein begehrter Preis für Familien, die ihre Blutlinie aufhellen wollten.

»Tag. Könnten Sie mir vielleicht sagen, wie weit es nach Kalacha Goda ist?«, sagte der Besucher.

Babu strahlte. Definitiv Engländer. Vergleichsweise dunkelhäutig, aber nichtsdestotrotz Engländer. »Fehr feit.« Er presste die Kiefer aufeinander.

»Wie weit ist *sehr*?«

»Fehr, fehr, fehr feit.«

»Und wie komme ich dorthin?«

»Heute ficher nicht mehr, und morgen auch nicht.«

»Verstehe. Wissen Sie zufällig, wo ich ein Zimmer für die Nacht bekomme?«

»Ja.«

»Und wo?«

»Hier.«

»Wunderbar. Ein Einzelzimmer, bitte. Wie viel?«

»Dreihundertfünftfig, weil Fie ef find.« Der doppelte Preis. Fairerweise musste man sagen, dass er bei einem Amerikaner noch eine Null angehängt hätte. Überdies bot er dem Besucher sein bestes Zimmer an – überwiegend insektenfrei und »für reine Vegetarier reserviert«.

Isaiah zog vierhundert Schillinge aus der Tasche und starrte wie gebannt auf das Glas hinter Babu Chaudhari, in dem dessen Gebiss schwamm.

»Nein, nein, nein!«, sagte Babu. »Fahlen Fie morgen.« Er legte den Kopf schief. Ein scheues Lächeln. Er konnte sich nicht mehr zurückhalten. »England?«

»Ja!«

»Guuut. Gott fegne die Queen ... Kennen Fie tfufällig einen Mr Clark – ein Dfentleman – oder einen Mr. Harry, ein Mitglied der Royal Feographical Fofiety, der momentan unter unf feilt?«

»Ähm, ich glaube nicht.«

»Fagen Fie, diefer Premierminifter, den wir furfeit haben …«

Nach kurzem Zögern schob der Besucher seinen politischen Agnostizismus beiseite, ignorierte die ethischen Ansichten, die man ihm in einer zweitklassigen Privatschule eingeimpft hatte, beugte sich über die Theke und erklärte Babu fast eine Stunde lang den Aufstieg, Fall, Wiederaufstieg und den garantiert bevorstehenden erneuten Fall des Gordon Brown.

»Ein fottifer Dfentleman«, sagte Babu vertraulich. »Kein richtiger Engländer.«

Sie teilten ein wissendes und hochzufriedenes Lachen, während das Zwielicht sich in den Raum stahl.

Draußen hörte man Gemurmel. Eine Frau warf einer anderen eine Beschimpfung an den Kopf. Die lachte höhnisch.

»Fie find auf ihrer Reife noch nicht fo fortgefritten fie fir«, flüsterte Babu.

»Wer?«

»Fie. Die Leute hier. Aber fir begleiten fie. Fuckerbrot und Peitfe, Fuckerbrot und Peitfe.«

Ein Esel schrie, ein Hahn krähte, und die dünne Stimme eines fernen Muezzins rief zum Gebet. Verwirrung überkam Isaiah, und eine leichte Röte überzog seine Haut. Er hatte ganz vergessen, wie weit weg er von zu Hause war.

Später verließ er Babus Geschäft, hatte ein Zimmer für die Nacht, dazu drei Büchsen Corned Beef, drei Packungen Milch, eine SIM-Karte, eine kleine Schachtel mit sechzig Tabletten, Rasiercreme, zwei Rasierer, eine verrostete große Schere, zwei Dosen Kondensmilch, ein Gefäß mit gelbem Curry, gemischt mit braunen und schwarzen Gewürzen, die Parasiten in Nahrung, Wasser und Seele abtöten sollten, einen kleinen grünen Eimer und die hoffnungsvolle Aussicht darauf, dass, wenn es ihm nichts ausmachte, mit Vieh zu reisen, das für den Schlachthof bestimmt war, ein Lkw ihn am darauffolgenden Abend in die Nähe von Wuoth Ogik mitnehmen konnte.

Als Isaiah sein rundes Zimmer sah – die Doumpalmen-Decke, das schiefe Safaribett, die zwei unangezündeten Petroleumlampen, den gesprungenen ovalen Spiegel über dem rudimentären grünen Plastikwaschbecken, aus denen das Bad bestand, und die kompakte, dunkelgraue, kätzchengroße Kreatur, die bei seinem Anblick durch ein unsichtbares Loch flüchtete –, überfiel ihn die Gewissheit, dass er England nie hätte verlassen dürfen.

»Ich fahre nach Kenia«, hatte Isaiah seiner Mutter Selene vor über zwei Jahren verkündet, nachdem er per Post ein altes Buch bekommen hatte. Auf der ersten leeren Seite stand der Name seines Besitzers, und zwischen den mittleren Seiten fand er ein handgemaltes Bild. Selene wurde damals innerlich von einem grässlichen Krebsgeschwür zerfressen. Sie sagte nichts, doch dicke Tränen fielen auf ihr Nachthemd, und er verschob seine Reisepläne.

Und jetzt war er hier, in Kenia.

In jener Nacht träumte Isaiah von Kälte und Grau: das Gefühl, von einem Gipfel grandioser kapitalistischer Errungenschaften zum nächsten zu fliegen, abzustürzen und auf dem harten Boden zu landen, um die letzten Pennys aufzuraffen, die einzigen Überbleibsel einer riskanten Fehlspekulation. Kalt und blau: Schattierungen des Verlustes, des Suchens und Nie-Findens. Verlassenheit. Kalt und rot: die Farbe des Ins-Leere-Greifens, der Hoffnung, gefunden, auserwählt und für mehr als eine Saison, mehr als seinen Besitz gebraucht zu werden. Kalt und zersplittert: die unmöglich zu erreichenden Bruchstücke der Seele. Kalt und hart: Wiederaufbau. Als er glaubte, wieder auf der Gewinnerseite zu stehen, trieben ihn die unberechenbaren Strömungen des Lebens davon und ließen ihn nicht zurückkehren, nicht ein einziges Mal.

Nebel: ein Dunst aus Schmerzen. Angst: das Gefühl, heim-

gesucht zu werden, besessen von einer erbarmungslosen Ungewissheit. Er hatte geglaubt, den Nebel durchdringen zu können,
hatte Kriegsgebiete bereist – und war zu einem Voyeur mit Ka-
mera geworden, doch bei jeder Gelegenheit zum Durchatmen
rannte er weiter. Rannte über Straßen und Strände, unwichtige
Kleinstadt-Marathons, rannte mit gebleckten Zähnen und ge-
ballten Fäusten über Ziellinien, um dem Schreckgespenst der
Schande zu entkommen.

Er träumte von seiner Mutter, von ihrem Tod und dessen
grauenhafter Stille. Wie er und sein Stiefvater Raulfe später die
Überreste ihres Lebens in Kisten verstaut, ihre Schränke und
Kommoden ausgefegt und ihre Kleider zu Wohltätigkeitsorganisationen gebracht hatten. Ihr Geld und einen Ehering hatte
Selene Isaiah vermacht, den restlichen Schmuck, die Briefe
und den sonstigen Krimskrams hatte sie Raulfe hinterlassen,
der, bevor Isaiah etwas dagegen tun konnte, alles in einem
Schließfach unterbrachte, das erst nach seinem Tod, an Isaiahs
sechzigstem Geburtstag geöffnet werden durfte.

Isaiah hatte seinen Stiefvater zur Rede gestellt: »Warum?«

Raulfe war davongehumpelt und hatte dabei mit brüchiger
Stimme »*It Is Well with My Soul*« gesungen.

In Isaiah, ein Sperrfeuer der Gefühle: Zorn-Schmerz-Trotz.
Er musste fort und beschloss, auf dem Luftweg an jenen Ort
zu reisen, wo er hoffte, den ersten Geist, dem er im Leben be-
gegnet war, zu finden, um ihn dorthin zurückzubringen, wo er
hingehörte: nach Hause.

Und trotzdem.

Nebel: ein Dunst aus Schmerzen, und Angst: das Gefühl,
heimgesucht zu werden, besessen von einer erbarmungslosen
Ungewissheit.

Aus: Der Ort, an dem die Reise endet
Aus dem Englischen von Simone Jakob.

MAN FÄLLT KEINEN BAUM
DER FRÜCHTE TRÄGT

Mariama Bâ / Senegal

Als sie mir meinen Koffer zurückbrachte, stellte Tante Nabou mir die kleine Nabou vor; und ebenso präsentierte sie das Kind in allen befreundeten Häusern.

Die kleine Nabou trat mit meiner Hilfe in die französische Schule ein. Während sie im schützenden Schatten ihrer Tante heranreifte, lernte sie das Geheimnis der Zubereitung delikater Soßen, lernte sie, mit dem Bügeleisen und mit dem Mörser umzugehen. Ihre Tante versäumte keine Gelegenheit, ihr ihre königliche Herkunft ins Gedächtnis zu rufen, und lehrte sie, dass die höchste Tugend einer Frau die Folgsamkeit sei.

Nach Abschluss einiger Jahre auf der höheren Schule riet die alte Nabou ihrer Nichte, an der Aufnahmeprüfung für die staatliche Hebammenschule teilzunehmen: »Diese Schule ist gut. Dort wird noch erzogen. Keine Flausen im Kopf. Bescheidene junge Mädchen, ohne Flitterkram, ganz in Weiß, der Farbe der Reinheit. Der Beruf, den du dort lernen wirst, ist schön; du kannst damit deinen Lebensunterhalt verdienen und dir gleichzeitig Gnaden für dein Paradies erwerben, indem du hilfst, Diener Mohameds zur Welt zu bringen. In Wahrheit lässt sich das Wissen einer Frau nicht entwickeln. Ich frage mich auch, wie eine Frau ihren Lebensunterhalt damit verdienen kann, dass sie den ganzen Tag redet.«

Die kleine Nabou wurde also Hebamme. Eines schönen Tages rief Tante Nabou Mawdo zu sich und sagte ihm: »Mein Bruder Farba hat dir die kleine Nabou zur Frau gegeben, um mir dafür zu danken, dass ich sie so würdig erzogen habe. Wenn du sie als Ehefrau zurückweist, komme ich nie darüber hinweg. Die Schande ist tödlicher als die Krankheit.«

Ich wusste Bescheid. Modou wusste Bescheid. Die Stadt wusste Bescheid. Du, Aïssatou, du ahntest nichts und strahltest weiter.

Und weil seine Mutter ein Datum für die Hochzeitsnacht festgelegt hatte, fand Mawdo endlich den Mut, dir zu sagen, was sich alle Frauen zuflüsterten: Du hattest eine Mit-Ehefrau. »Meine Mutter ist alt. Die Erschütterungen und Enttäuschungen des Lebens haben ihr Herz geschwächt. Wenn ich dieses Kind ablehne, stirbt sie. Ich spreche als Arzt, nicht als Sohn. Überleg doch mal, die Tochter ihres Bruders, von ihr liebevoll erzogen, von ihrem Sohn abgewiesen. Welche Schande vor der Gesellschaft.«

»Um nicht seine Mutter vor Scham und Kummer sterben zu sehen«, hatte Mawdo sich entschlossen, zur vereinbarten Hochzeitsnacht zu erscheinen. Was vermochte Mawdo Bâ gegenüber dieser starrsinnigen Mutter, die ganz erfüllt war von der Moral der alten Zeit und innerlich brannte von den grausamen alten Gesetzen? Er wurde älter, verbraucht von seiner schweren Arbeit, und – außerdem – wollte er überhaupt kämpfen, einen schwachen Versuch des Widerstandes machen? Die kleine Nabou war so verführerisch …

Du zähltest nicht mehr, Aïssatou. Die Jahre und die Liebe, die du deiner Familie geschenkt hattest – Bagatellen, die schnell vergessen sind. Deine Söhne? Sie waren nicht von großer Bedeutung in dieser Versöhnung einer Mutter mit ihrem »einzigen Mann«; du zähltest nicht mehr, ebenso wenig wie deine vier Söhne: Diese würden nie auf der gleichen Stufe stehen mit den Söhnen der kleinen Nabou. Von den Kindern der kleinen Nabou werden die Griots begeistert singen: »Das Blut ist zu seiner Quelle zurückgekehrt.«

Deine Söhne zählten nicht. Mawdos Mutter, eine Prinzessin, konnte sich in den Söhnen einer Goldschmiedin nicht wiedererkennen.

Und überhaupt, kann eine Goldschmiedin Würde und Ehre besitzen? Das ist gerade so, als ob man sich fragte, ob du ein Herz hättest und aus Fleisch und Blut seiest. Ach, für gewisse Leute sind Ehre und Kummer einer Goldschmiedin geringer, weit geringer als Ehre und Kummer einer Guélewarı[1].

Mawdo jagte dich nicht weg. Er tat nur seine Pflicht und wünschte, dass du bliebst. Die kleine Nabou wohnte weiterhin bei seiner Mutter; du warst es, die er liebte. Jede zweite Nacht verbrachte er bei seiner Mutter, um die andere Ehefrau zu sehen, damit seine Mutter »nicht stirbt«, um »eine Pflicht zu erfüllen«.

Wie viel größer warst du doch als die, die dein Glück untergruben!

Man riet dir zum Kompromiss: »Man fällt keinen Baum, der Früchte trägt.«

Man drohte dir für dein eigen Fleisch und Blut: »Aus den Jungens kann ohne ihren Vater nichts Ordentliches werden.«

Du setztest dich über alles hinweg.

Diese immer passenden Wahrheiten, die früher so mancher sich auflehnenden Ehefrau den Nacken gebeugt hatten, bewirkten nicht das gewünschte Wunder; sie brachten dich nicht von deinem Entschluss ab. Du hattest den Bruch gewählt, ein Davongehen ohne Wiederkehr mit deinen vier Söhnen, und

---

1 Prinzessin des Sine

du hinterließest – gut sichtbar – auf eurem Ehebett diesen für Mawdo bestimmten Brief, an dessen Wortlaut ich mich genau erinnere:

Mawdo,

Die Prinzen bezwingen ihre Gefühle, um ihren Pflichten nachzukommen. Die »Anderen« beugen den Nacken und nehmen schweigend ein Schicksal hin, das sie verhöhnt.

Das ist – grob umrissen – die innere Regelung unserer Gesellschaft mit ihren sinnlosen Trennungslinien. Ich bin nicht bereit, mich dieser Regelung zu unterwerfen. Was du mir heute anbietest, ist für mich kein Ersatz für das Glück, das wir geteilt haben. Du willst die Liebe als solche und die physische Liebe voneinander trennen. Ich erwidere dir, dass die sinnliche Vereinigung nicht möglich ist ohne die Bereitschaft des Herzens, auch wenn sie noch so gering ist.

Wenn du imstande bist zu zeugen, ohne zu lieben, einzig und allein, um den Stolz einer alternden Mutter zu befriedigen, dann finde ich dich abstoßend. Von dem Augenblick an steigst du herab von der höchsten Stufe der Hochachtung, auf die ich dich immer gestellt hatte. Deine Vorstellung der Zweiteilung ist unzulässig: auf der einen Seite mich, »dein Leben, deine Liebe, deine Wahl«, auf der anderen Seite die kleine Nabou, »die aus Pflichtgefühl ertragen werden muss«.

Mawdo, der Mensch vereint beides in sich: Größe und Animalität. Keine seiner Handlungen geschieht aus reinem Idealismus. Keine seiner Handlungen geschieht aus reiner Bestialität.

Ich mache mich frei von deiner Liebe, von deinem Namen. Gekleidet in das einzig annehmbare Gewand der Würde, setze ich meinen Weg fort.

   Lebe wohl.
   Aïssatou.

Und du gingst. Du hattest den überraschenden Mut, für deinen Lebensunterhalt selbst aufzukommen. Du hast dir ein Haus

gemietet und dich darin eingerichtet. Und anstatt zurückzu-
schauen, hast du eisern die Zukunft ins Auge gefasst. Du hast
dir ein schwieriges Ziel gesetzt; und mehr als meine Gegenwart, meine Ermutigungen haben dir die Bücher geholfen. Sie
wurden zu deiner Zuflucht und gaben dir Kraft.

Macht der Bücher, dieser wunderbaren Erfindung des ge-
witzten menschlichen Intellektes. Verschiedene Zeichen in
Klängen gruppiert; verschiedene Klänge, die das Wort formen.
Anordnung der Worte, aus denen der Gedanke hervorgeht, das
Denken, die Geschichte, die Wissenschaft, das Leben. Einzig-
artiges Instrument der Kontaktaufnahme und der Kultur, un-
vergleichbares Mittel, zu geben und zu nehmen. Die Bücher
schweißen Generationen zusammen in derselben ununter-
brochenen harten Arbeit, die den Fortschritt bewirkt. Sie er-
möglichten dir den Aufstieg. Was die Gesellschaft dir versagte,
gewährten sie dir: Erfolgreich bestandene Examina führten
auch dich nach Frankreich. Die Dolmetscherschule, die du ab-
solviertest, ermöglichte deine Entsendung an die Botschaft des
Senegal in den USA. Du hast deinen Lebensunterhalt reichlich
verdient. In der inneren Ruhe hast du dich entwickelt, wie deine Briefe mir beweisen, und du wendest entschlossen all denen
den Rücken, die flüchtige Freuden und leichte Liaisons suchen.

Und Mawdo? Er knüpfte wieder die Bande zu seiner Familie. Die aus Diakhao fielen in sein Haus ein; die aus Diakhao
hielten zu der kleinen Nabou. Aber – und Mawdo weiß das sehr
wohl – es gibt keine Vergleichsmöglichkeit zwischen dir und
der kleinen Nabou: du bist so schön, so sanft; du verstandest
es, die Stirn deines Gatten zu glätten; du gabst ihm eine tiefe,
weil selbstlose Zärtlichkeit; du wusstest die rechten Worte zu
finden zu seiner Entspannung.

Mawdo? Was sagte er noch? »Ich bin ganz durcheinander.
Man ändert als fertiger Mann seine Gewohnheiten nicht mehr.
Ich suche Hemden und Hosen am alten Platz und greife ins
Leere.«

Ich hatte kein Mitleid mit Mawdo.

»Mein Haus ist ein Vorort von Diakhao. Unmöglich, da Ruhe zu finden. Alles ist schmutzig. Die kleine Nabou gibt meine Lebensmittel und meine Kleidung den Besuchern.«

Ich hörte Mawdo nicht zu.

»Jemand sagte mir, dass er dich gestern in Gesellschaft von Aïssatou gesehen habe? Ist es wahr? Ist sie da? Wie geht es ihr? Und meinen Söhnen?«

Ich antwortete Mawdo nicht.

Denn Mawdo blieb für mich ein Rätsel, und durch ihn alle Männer. Dein Weggehen hatte ihn wirklich erschüttert. Seine Traurigkeit war nicht zu übersehen. Wenn er von dir sprach, wurde seine Stimme hart. Aber seine Haltung des enttäuschten Mannes, die scharfe Kritik an seinem Haushalt, seine Begeisterung, alles schlecht zu machen – all das verhinderte keineswegs das periodische Dickwerden des Bauches der kleinen Nabou. Zwei Knaben waren schon geboren.

Als ich auf diesen sichtbaren Tatbestand, Beweis seines intimen Beisammenseins mit der kleinen Nabou, hinwies, wurde Mawdo wütend. Sein Blick geißelte mich: »Komm, stell dich nicht so dumm. Wie, meinst du, soll ein Mann aus Stein bleiben beim dauernden Kontakt mit der Frau, die in seinem Haus lebt?« Um mich zu überzeugen, fügte er noch hinzu:

»Ich habe einen Film gesehen, in dem die in einer Flugzeugkatastrophe Geretteten überlebt haben, weil sie das Fleisch der Toten aßen. Das spricht für die Macht der im Menschen verborgenen Instinkte, Instinkte, die ihn beherrschen, gleichgültig, auf welchem geistigen Niveau er steht. Mach dich frei von deinem Übermaß an träumerischer Sentimentalität. Akzeptiere die Wirklichkeit in ihrer ganzen Hässlichkeit.«

»Man lehnt sich nicht auf gegen die zwingenden Gesetze, die vom Menschen Nahrung und Kleidung fordern. Diese selben Gesetze treiben ›das Männchen‹ anderswohin. Ich sage absichtlich ›Männchen‹, um das Tierhafte der Instinkte zu unterstreichen ... Du verstehst ... Eine Frau sollte ein für allemal verstehen und verzeihen; sie sollte sich einen körperlichen ›Verrat‹ nicht zu Herzen nehmen. Bedeutung hat nur das, was da drinnen im Herzen ist; das verbindet zwei Menschen, innerlich ...« (Er klopfte auf seine Brust an der Stelle des Herzens.)

»An die äußersten Grenzen des Widerstandes zurückgedrängt, halte ich mich an dem schadlos, was in meiner Reichweite liegt. Das klingt hässlich. Die Wahrheit ist hässlich, sobald man sie analysiert.«

So würdigte er die kleine Nabou herab auf den Rang einer »Mahlzeit«, um sich zu rechtfertigen. So werden die Männer ihren Frauen untreu, um mal einen neuen »Geschmack« zu haben.

Ich war verärgert. Er verlangte von mir Verständnis. Aber Verständnis wofür? Für die Vorherrschaft der Instinkte? Für das Recht auf Verrat? Für die Rechtfertigung des Wunsches nach Abwechslung? Ich konnte mich nicht zur Verbündeten polygamischer Instinkte machen. Also, Verständnis wofür? ...

Wie ich dich bei deinem letzten Besuch um deine Ausgeglichenheit beneidete! Du hattest die Maske des Leidens abgelegt. Entgegen allen Voraussagen entwickelten sich deine Söhne prächtig. Mawdo beunruhigte dich nicht. Ja, du hattest es wirklich geschafft, die Vergangenheit hinter dir zu lassen. Du warst das unschuldige Opfer eines ungerechten Prozesses und kühne Vorkämpferin für ein neues Leben.

*

Mein Drama spielte sich drei Jahre nach dem deinigen ab. Aber im Gegensatz zu deinem Fall war der Ausgangspunkt nicht meine Schwiegerfamilie. Das Drama wurzelte in Modou selbst, meinem Gatten.

Während meine Tochter Daba sich aufs Abitur vorbereitete, brachte sie oft Studiengefährten mit nach Hause. Am häufigsten kam ein junges Mädchen, ein bisschen schüchtern, zart, sichtlich unsicher in unserem Lebensrahmen. Aber wie hübsch sie war, gerade dem Kindesalter entwachsen, in ihren verwaschenen, aber sauberen Kleidern! Ihre Schönheit strahlte ungetrübt. Die harmonischen Formen ihres Körpers waren nicht zu übersehen. Ich sah gelegentlich, dass Modou sich für das Gespann interessierte. Ich war keineswegs beunruhigt, auch nicht, als ich hörte, wie er Binetou vorschlug, sie im Auto nach Hause zu bringen, »weil es schon so spät ist«, wie er sagte.

Binetou jedoch veränderte sich. Sie trug bald sehr teure Konfektionskleidung. Sie erklärte meiner Tochter lachend: »Das Geld dafür ziehe ich einem alten Kerl aus der Tasche.«

Eines Tages dann berichtete mir Daba, als sie aus der Schule kam, dass Binetou ein echtes Problem habe.

»Der Alte, der für die teuren Kleider zuständig ist, will Binetou heiraten. Ihre Eltern wollen sie, ein paar Monate vor dem Abschluss, aus der Schule nehmen, um sie mit dem Alten zu verheiraten.«

– Rate ihr, sich zu weigern, sagte ich.

– Und wenn dieser Mann ihr eine Villa bietet, eine Mekka-Reise für ihre Eltern, Auto, monatliche Rente, Schmuck?

– All das ist nicht das Kapital der Jugend wert.

– Ich denke wie du, Mama. Ich werde Binetou sagen, nicht nachzugeben; aber ihre Mutter ist eine Frau, die so gerne aus ihren bescheidenen Lebensverhältnissen herauskommen möchte und die ihrer im Rauch der Holzfeuer gewelkten Schönheit so sehr nachweint, dass sie alles, was ich trage, mit Neid betrachtet; sie jammert den lieben langen Tag.

– Die Hauptsache ist Binetou. Sie soll nicht nachgeben.

Und dann, ein paar Tage später, brachte Daba unsere Unterhaltung zu ihrem überraschenden Abschluss.

– Mama! Binetou heiratet – wenn auch entsetzlich ungern – ihren »Alten«. Ihre Mutter hat derartig geweint. Sie hat ihre Tochter angefleht, »ihr ein glückliches Ende in einem richtigen

Haus« zu ermöglichen, wie der Mann es ihnen versprochen hat. Da hat sie nachgegeben.

– Und wann soll die Hochzeit sein?

– Nächsten Sonntag, aber es wird keinen Empfang geben. Binetou kann es nicht ertragen, wenn ihre Freundinnen sich über sie lustig machen.

Und am Abend ebendieses Sonntags, an dem Binetou heiratete, sah ich – in feierlichem Sonntagsstaat – Modous Bruder Tamsir zwischen Mawdo Bâ und dem Imam seines Viertels auf mein Haus zukommen. Woher kamen sie, so steif in ihren gestärkten Bubus? Sicher wollten sie Modou abholen für eine wichtige Angelegenheit, mit der man einen von ihnen beauftragt hatte. Ich sagte ihnen, dass Modou seit dem Morgen aus dem Haus sei. Sie kamen lachend herein und verbreiteten intensiv den sinnlichen Weihrauchduft, der sie begleitete. Ich setzte mich – ebenfalls lachend – ihnen gegenüber. Der Imam legte los: Wenn Allah, der Allmächtige, zwei Menschen zueinanderführt, kann niemand etwas dafür.

– Ja, so ist es, bekräftigten die beiden anderen.

Eine Pause. Er holte tief Luft und fuhr fort:

– Auf dieser Welt ist alles schon mal da gewesen.

– Ja, ja, beteuerten wiederum Tamsir und Mawdo.

– Manches Ereignis, das einem traurig erscheint, ist es weit weniger als andere …

Ich beobachtete die Mimik dieses hochmütigen Mundes, der diese Banalitäten von sich gab, die ebenso gut der Ankündigung eines glücklichen wie eines unglücklichen Ereignisses vorausgehen konnten. Worauf wollte er also hinaus mit dieser Einleitung, die eher auf ein Unglück schließen ließ? Ihr Kommen war also kein Zufall. Gibt man ein Unglück derartig verbrämt bekannt? Oder wollte man durch eine einwandfreie Wortwahl Vertrauen einflößen?

Ich dachte an den Abwesenden. Mit einem Aufschrei wie ein gejagtes Wild fragte ich:

– Modou?

Und der Imam, der endlich einen Leitfaden in der Hand hielt, ließ diesen nicht mehr los. Er antwortete sofort, hastig, als ob die Worte glühende Kohlen in seinem Munde wären:

– Ja, Modou Fall, aber glücklicherweise am Leben, für dich, für uns alle, Gott sei Dank. Er hat nur heute eine zweite Frau geheiratet. Wir kommen aus der Moschee von Grand-Dakar, wo die Hochzeit stattgefunden hat.

Nachdem der Imam so den Weg frei gemacht hatte, wagte sich Tamsir hervor:

»Modou lässt dir danken. Er sagt, dass das Schicksal über Menschen und Dinge entscheidet: Gott hat ihm eine zweite Frau bestimmt, er kann nichts dafür. Er beglückwünscht dich zu eurem Vierteljahrhundert Ehe, während dem du ihm alles Glück geschenkt hast, das eine Frau ihrem Mann schuldig ist. Seine Familie, besonders ich, sein ältester Bruder, danken dir auch. Du hast uns geehrt. Du weißt, dass wir vom selben Blut wie Modou sind.«

Und dann das ewige Gerede, das das Geschehen leichter machen soll: »In deinem Haus sollst nur du leben, wie groß es auch sei, wie teuer das Leben auch sei. Du bist die erste Frau, eine Mutter und eine Freundin für Modou.«

Der Adamsapfel tanzte in Tamsirs Hals. Er schüttelte sein linkes Bein, das über seinem rechten, zurückgebogenen Bein lag. Seine Schuhe, weiße Babuschen, trugen eine leichte Schicht roten Staubes, die Farbe der Erde, auf der sie gegangen waren. Derselbe Staub hing auch an den Schuhen von Mawdo und dem Imam.

Mawdo schwieg. Er durchlebte erneut sein eigenes Drama. Er dachte an deinen Brief, an deine Reaktion – und ich war dir so ähnlich. Er war misstrauisch. Er hielt den Nacken gebeugt – typische Haltung derjenigen, die sich besiegt glauben, ehe sie überhaupt gekämpft haben.

Unter den Gifttropfen, die mich verbrannten, pflichtete

ich bei: »ein Vierteljahrhundert Ehe«, »eine unvergleichliche Frau«. Ich hielt Rückblick, um die Bruchstelle zu entdecken, wo alles seinen Anfang nahm. Die Worte meiner Mutter kamen mir wieder in den Sinn: »Zu schön, zu perfekt«. Und ich vollendete endlich den Gedanken meiner Mutter mit dem Ende der Redensart: »um ehrlich zu sein«. Ich dachte an die beiden vorderen oberen Schneidezähne, die durch einen breiten Zwischenraum getrennt waren, dem Zeichen dafür, dass ein Mensch sich von seinen Leidenschaften beherrschen ließ. Ich dachte daran, dass er den ganzen Tag nicht nach Hause gekommen war. Er hatte bloß gesagt: »Wartet nicht auf mich mit dem Essen.« Mir fiel ein, wie oft er in letzter Zeit nicht zu Hause gewesen war. Der Grund dafür ist heute grausam klar und wurde gestern noch geschickt unter dem Deckmantel von Gewerkschaftszusammenkünften verborgen. Er hatte auch eine drakonische Schlankheitskur gemacht, um den »dicken Bauch« zu bekämpfen, wie er lachend sagte, dieses Anzeichen des Altwerdens.

Wenn er Abend für Abend ausging, faltete er jedes Mal mehrere Kleidungsstücke auseinander und probierte sie an, ehe er eines davon wählte. Die übrigen warf er nervös hin und ließ sie auf dem Boden liegen. Ich musste dann alles wieder falten und aufräumen; und nun entdeckte ich, dass ich diese zusätzliche Arbeit nur dafür gemacht hatte, dass er mit besonderer Eleganz eine andere verführen konnte.

Ich bemühte mich, meine innere Erregung einzudämmen. Auf keinen Fall wollte ich meinen Besuchern die Befriedigung geben, über meine Verwirrung zu sprechen. Ich lächelte und nahm das Geschehen leichthin, so wie sie es mir mitgeteilt hatten. Ich dankte ihnen für die menschliche Art und Weise, in der sie ihren Auftrag erfüllt hätten. Ich erwiderte die Dankesworte an Modou, »guter Vater und guter Gatte«, »Ehemann, der zum Freund geworden sei«. Ich dankte meiner Schwiegerfamilie, dem Imam, Mawdo. Ich lächelte, ich servierte ihnen Getränke.

Ich begleitete sie hinaus, eingehüllt in den Weihrauchgeruch, den sie immer noch ausströmten. Ich drückte ihnen die Hand.

Wie zufrieden sie waren, mit Ausnahme von Mawdo, der als Einziger die Tragweite des Geschehens richtig einschätzte.

Aus: Ein so langer Brief
Aus dem Französischen von Irmgard Rathke.

DIE AFRITUDE-SAUCE

Ivan Vladislavcić / Südafrika

Bra Zama's African Eatery befand sich in einem Niemands-
land am Stadtrand, in dem ein sterbendes Industriegebiet
in eine Autostadt überging, nahm man die Zahl der Gebrauchtwagenhändler in dem spärlich beleuchteten Block, den sie gerade hinter sich gelassen hatten, zur Grundlage. Auf der anderen Seite der Kreuzung gab es einen Ableger von Something
Fishy, eine Runderneuerungswerkstatt, eine Reihe namenloser
Unternehmen, deren Fenster hinter Gittern verborgen waren. Als sie auf den Parkplatz einbogen, hatte Egan den flüch-
tigen Eindruck von geschnitzten Holzpfosten und Stroh. Ein
Nachtwächter, trotz der Hitze in Wintermantel und Balaklava,
stand – vielleicht war es ironisch gemeint – stramm, salutierte
und ließ sich dann wieder in einen Gartenstuhl fallen, der unter
einem Scheinwerfer am Wellblechzaun stand.

Zu beiden Seiten des Eingangs glühten Kohlen in verroste-
ten Kohlebecken, und sie traten durch diese feurige Spießru-
tengasse ins Innere, in dem sie ein Mann in einem *Bubu* erwartete, die Ellbogen auf ein 44-Gallonen-Fass gestützt. Die Wand

hinter ihm war vollständig mit Verpackungsmaterial ausgeklei-
det wie das Innere eines Shacks, Verpackungen von Glenryck
Pilchards und Motorola-Telefonen, während die Wände links
und rechts mit afrikanischen Masken übersät waren. Das war
ein cleveres Stück Dekor. Selbst jetzt, da nur die Hälfte der Tische besetzt war, lag ein Hauch erwartungsvoller Geschäftig-
keit über diesem Ort.

Der Restaurantleiter kannte Bhengu. Er führte sie sofort an
einen Tisch in der Raummitte, an dem ein weiterer Mann saß,
ein sehr dunkler Mann mit verschleiertem Blick und kahl ra-
siertem Kopf, eine Flasche Bier vor sich. Egan fragte sich, ob er
sich das Haar nur deshalb abrasierte, um mit den Narben prah-
len zu können, die seinen Schädel bedeckten, ähnlich diesen
Jüngelchen, die immer Westen tragen mussten, damit die Leute ihre tätowierten Arme sehen konnten. Mazibuko stellte alle
einander vor, und sie setzten sich. Ein Küchentisch, mit Wachs-
tuch bedeckt, das Egan an den Unterarmen klebte, Stühle aus
gebogenem Chromstahl und Resopal, beharrliche Neunzehn-
hundertfünfziger.

Mazibuko hatte recht, dachte Egan, es würde ein *Erlebnis*
werden. Und er hatte das seltsame Gefühl, dass es außerdem
eine bedeutsame Erfahrung werden würde, dass er sich an
diesen Abend erinnern, dass er auf ihn zurückschauen würde. Bereits jetzt sah er sich aus einer riesigen Entfernung auf
ihn zurückblicken und endlich verstehen, worum es eigentlich
gegangen war. Er wünschte sich, jetzt bereits dort zu sein, in
dieser sicheren Entfernung, auf einer Anhöhe, erfüllt von der
Weisheit der Rückschau.

Eine Frau wie eine Statue, durch ein geknotetes Kopftuch
und Plateauschuhe noch größer, brachte die Speisekarten. Sie
sagte, sie heiße Miriam und würde sie an diesem Abend bedienen. Sie begann, die ›Tageskarte‹ herzusagen: Lamm-Biryani,
nyama ya figo, Rindfleisch, auf nigerianische Art geschmort. Die
Kellnerinnen mussten die Tagesgerichte wahrscheinlich wie

Schauspielerinnen auswendig lernen, dachte er. Ein notwendiger Teil der Ausbildung. Er merkte sich die *LM-Garnelen* vor, strich sie aus. Lourenço Marques hatte einen kolonialistischen Beigeschmack. Er sollte etwas Wagemutigeres nehmen, etwas Äquatoriales. Gestampften Yam vielleicht. Er würde fragen, was in dem Hühnchen-*egusi* drin war, das dazu serviert wurde. Während Miriam redete, betrachtete er eingehend ihre Robe. Sie trug eindeutig eine *Robe*, war als irgendwas verkleidet, auch wenn er nicht genau wusste, als was. Irgendeine Nationaltracht. Wahrscheinlich Nigeria. Oder sollte sie eine Shebeen Queen darstellen?

Sie nahm die Getränkebestellung auf und überließ sie der Auswahl ihrer Gerichte.

Die Speisekarte war in Metall eingeschlagen: flach gehämmerte Bierbüchsen, zu einem Patchwork zusammengetackert. Man sollte sie nicht durchblättern, bis einem etwas auffiel; man sollte sie wie ein Kinderbuch lesen, zum Vergnügen und zur Bildung. Das gehörte zum Erlebnis. Was ihn mit voller Wucht traf, weil er in roten Buchstaben auf jeder Seite wieder auftauchte, war der Slogan ›Neues Südafrika‹. Wie altmodisch der klang. Wann war der aufgekommen? Vor fünf Jahren? Und schon hatte er sich abgenutzt und verschwand stillschweigend aus dem Gebrauch.

Mit einem Klacken schlug er zu Seite eins oben zurück. Er begäbe sich auf eine sinnliche Safari, verkündete die Speisekarte, unvorstellbare Geschmacksrichtungen und Düfte warteten auf ihn. Es böte sich ihm die Gelegenheit, eine Reihe authentischer Delikatessen zu genießen, angefangen beim warmen Herzen des Landes bis hin zur kühlen Eigenart der Großstadt, vom Zulu-Kebab zu Xhosa-Klößen, vom Risibisi aus Uganda zur Paella aus Malawi, von Ma Zamas Pfannkuchen zu Bra Zamas *chakalaka*-Hühnchen. Was, zur Hölle, war das?

»Das Rindfleisch ist gut.« Es war das erste Mal, dass Bhengu ihn direkt angesprochen hatte.

»Eigentlich habe ich daran gedacht, das *umfino* zu probieren.« Eins der wenigen Gerichte auf der Speisekarte, das er erkannt hatte.

»Nein, nein, nein.« Der Name des fünften Mannes war Egan schon wieder entfallen. Er streckte die Hand mit der Handfläche nach unten aus und drehte sie von einer Seite zur anderen. »Das ist eine Stadtvariante.«

»Sie bereiten es nicht auf traditionelle Weise zu?«

»Nein, es ist sehr gut. Sie machen es besser als meine Frau.« Sie lachten.

»Dann versuche ich es vielleicht.«

»Nein, nein, nein. Es wird Ihnen nicht schmecken.«

»Sie werden sich beklagen: ›Was ist das?‹«

Weiteres Gelächter.

»Auch«, Marakabane tippte mit dem Zeigefinger auf den Metalleinband der Speisekarte, »das *ulusu lewgusha* dürfen Sie nicht nehmen.«

»Was ist das?« Er blätterte die Seiten danach durch.

»Das ist Schafsmagen.«

»Kutteln.«

»Davon werden Sie krank.«

»Ich habe früher schon Kutteln gegessen. Als ich Kind war, hat meine Mutter das oft gekocht. Weil es billig war. Ich war immer der Meinung, dass es köstlich schmeckte.«

»Ulusu, ulusu.« Marakabane schien über ein völlig anderes Essen nachzudenken, etwas lose Aufgerolltes mit viel Blut.

»Sie müssen das Rind nehmen«, warf Bhengu ein.

»Mit der Afritude Sauce«, ergänzte Mazibuko.

Egan sah in der Speisekarte nach der Afritude Sauce. Wieder wünschte er sich an jenen fernen Ort, von dem aus er zurückblickte. Die Zukunft.

»Die Afritude Sauce ist die Spezialität des Hauses«, las Bhengu aus der Speisekarte vor. »Sie ist das Aroma des Neuen

Südafrika, eine beglückende Mischung erdiger Werte und würziger Weltläufigkeit.« Er winkte die Kellnerin herbei.

»Das ist das einzig Echte«, sagte Marakabane.

»Wenn das so ist, dann probiere ich sie, denke ich.«

Bhengu lächelte ihn nachsichtig an.

Miriam kam mit den Getränken. Zwei Flaschen Weißwein in einem Plastikkübel, vier Quarts Castle-Lager, zwei Quarts *Milk Stout* und eine klappernde Handvoll Emaillebecher.

Sie bestellten in Sotho. Bhengu bestellte für Egan. Die einzigen beiden Worte der Unterredung, die er verstand, lauteten: Afritude Sauce.

Mazibuko entkorkte die Flasche und füllte ihre Becher. »Mr Bhengu möchte einen Trinkspruch ausbringen.«

Bhengu sah Egan an und sagte: »Auf die Hani View Kanalisation.« Er sprach es Kannaillissazion aus.

Sie hoben ihre Becher und tranken.

Sie begannen über Hani View zu reden, über den Fortschritt bei den neuen Häusern, die Probleme mit der Verteilerstation, die dankbarerweise nun gelöst waren, das Ebnen der Straßen, die illegalen Siedler aus Hani View Extension 1, die zur Plage geworden waren. Egan fiel der Vorfall mit Mrs Ntlaka und dem Fotografen wieder ein, und er dachte daran, ihn zu erwähnen. Warum sich aber damit herumquälen, wenn die Stimmung so entspannt und heiter war? Es war doch sozusagen alles nur Wasser, das unter der Brücke durchfloss, und er war erleichtert, wieder festen Boden unter den Füßen zu haben.

Während sie so in der Mitte des Raums saßen und die allgemeine Aufmerksamkeit auf sich zogen, er, Egan, und die fünf schwarzen Männer, ein Gleicher unter Gleichen, wurde ihm ihr besonderer Status bewusst. Sie repräsentierten etwas Bedeutendes. Sie waren die einzige gemischtrassige Gruppe im Raum. Als er sich heimlich zu den anderen Tischen mit den bleichen Dänen und *Poms* umsah und eine schnelle Volkszählung vornahm, war er sonderbar stolz auf sich. Er war Teil der neuen Ordnung, jenes Teils davon, den man nicht als >neu< zu etikettieren brauchte. Auch amüsierte ihn, dass er Teil eines >Arrangements< sein könnte, von etwas unbestimmt Anrüchigem. Er musste sich über die trauliche Beziehung zwischen den Ratsmitgliedern und den Männern von der Residents' Association wundern. Und wer war der fünfte Mann? War es schicklich, dass sie sich so trafen? Wer würde die Rechnung übernehmen? Angesichts einer neuen Gewissheit aber verloren seine Fragen ihre Kraft: So funktionierte die Welt nun mal, und da gab es nichts, dessen man sich schämen musste. Es ging immer um Beziehungen, es ging darum, wer wen kannte, eine Hand wusch die andere, solche Sachen halt. Wie war je etwas entstanden, wenn nicht über derartige Gefälligkeiten?

Eine Stunde lang floss die Unterhaltung glatt dahin. Sie hatten die ganze Nacht Zeit, das stand ungeschrieben fest, kein Grund, warum die Küche sich beeilen sollte. Sie sprachen Englisch, mit einem bisschen Sotho, Zulu und Afrikaans hier und da. Bei technischen Fragen wandten sie sich an Egan. Ob sie von Rubicon auch ordentliche Leistung für ihr Geld bekommen würden? Stimmte es, dass ihnen die Baugesetze verboten, samstagnachmittags zu bauen, aber nichts zu Vermessungsarbeiten sagten? Warum konnten sie die Rohre für die neuen Häuser nicht unten am Vlei unter der vorhandenen Straße verlegen? Egan fühlte sich langsam, als gehörte er dazu. Er ertappte sich dabei, dass er sie mit >Männer< anredete. Er bestellte noch eine Flasche Wein. Von den leeren Flaschen im Eiswasser hatten sich die Etiketten abgelöst, sodass er nicht wusste, was sie tranken, aber Ramaramela sagte, er sollte nach dem *poeswyn* fragen, das würde reichen, und sie lachten alle.

Als der Wein kam, füllte Egan ihre Becher. »Trinkt noch einen, Männer.«

Die neue Flasche war leer, ehe Miriam das Essen brachte. Bhengu meinte, es sei sowieso Zeit, zum Bier überzugehen. Man konnte nicht den ganzen Abend Wein trinken.

Der fünfte Mann hatte die Kutteln bestellt. Sie sahen nicht im Mindesten aus wie das Gericht, das Egan aus seiner Kindheit in Erinnerung hatte, und er war froh, dass sie ihm ausgeredet hatten, sie zu probieren. Es befanden sich Stücke pilzigen Gewebes darin. Wie etwas aus der Pathologie. Die anderen vier aßen allesamt die großen Platten mit gebratenem Fleisch. Nichts von einem Bratenspieß zu sehen, also konnte es nicht der Zulu-Kebab sein. Sah aus wie Koteletts, ›Ihr beliebtes *braai-vleis*‹. Stand das überhaupt auf der Speisekarte? Wahrscheinlich musste man jemanden in der Küche kennen. Perfekt, dachte er, das Einzige, das alle wollen, steht nicht mal im Kleingedruckten.

Die Afritude Sauce wurde in einer Kalebasse serviert, die auf einem Drahtgestell ruhte. Sie war von unappetitlichem Gelb, und es schwammen Erdnussstücke und blättrig-grünes Zeug darin. Sie sah klumpig aus, halb verdaut, im eigenen Saft geschmort. Doch als er eine Messerspitze davon kostete, erwies sie sich als köstlich. Er löffelte sie über sein Steak.

Sie aßen.

Langsam, peristaltisch sah Egan sich an den Rand der Unterhaltung gedrängt. Sie sprachen jetzt hauptsächlich Sotho, schalteten nur ab und zu auf Englisch um, um ihn einzubeziehen. Der Mann mit dem Narbenkopf erwähnte die neuen Häuser (Egan vermutete, dass es sich um die handelte, die er am Morgen gesehen hatte). Ramaramela und Marakabane versicherten ihm, dass sie sich um ihren ›Wahlbezirk‹ kümmerten. Mehrmals wiederholten sie, dass sie ›ihre Leute mitnehmen‹ würden, als sprächen sie über ihre Familien. Egan machte eine Bemerkung über die Fluchtlinie. Bhengu pflichtete ihm bei. Dann schalteten sie wieder auf Sotho um. Worüber redeten die? Als er sich in seinem Stuhl zurücklehnte, um den ersten halben Meter jener Distanz aufzubauen, nach der er sich so sehnte, und ihre Gesichter, ihre Gesten, ihren Tonfall zu studieren, die Art, in der sich ihre Köpfe zueinanderneigten, wenn sie redeten, kam in ihm der Verdacht auf, dass mit ihm *nichts* Wichtiges besprochen wurde. Dass der eigentliche Sinn dieses Gesprächs, in dem er ein gleichberechtigter Partner zu sein schien, im nebenher Gesagten lag, im Small Talk, den er nicht verstand. Das war doch möglich, oder? Dass all das, worauf es ankam, zwischen den Zeilen stand? Es lag etwas Konspiratives in der Luft; er würde fast schon sagen, im *Décor*. Doch wie konnte er sich sicher sein? Dieses Unbehagen, das er empfand, konnte genauso gut Unsicherheit sein, Ängstlichkeit, sogar ein schlechtes Gewissen. Wieso sollte er sich ausgeschlossen fühlen? War das nicht bereits selbst ein Zeichen von Schwäche?

Eine Fantasie: Wenn er geduldig allem lauschen könnte, was sie ihn nicht wissen lassen wollten, könnte er den Spieß umdrehen. Ihm fiel die Geschichte über die Südafrikaner ein, die sich bei einem Abendessen im Ausland in Afrikaans unterhielten und sicher wähnten, dass niemand sie verstand, die sich abfällig über die Gesellschaft äußerten, in der sie sich befanden, das Essen kommentierten – und dann erfahren mussten, dass ihr Gastgeber in *Potch* aufgewachsen war und perfekt Afrikaans sprach. Er stellte sich vor, wie er am Ende des Abends, wenn sie sich im sanft erleuchteten Foyer des Hotels voneinander verabschiedeten, Louis Bhengu die Hand entgegenstreckte und in perfektem Sotho sagte: ›Also, meine Herren, herzlichen Dank für einen sehr unterhaltsamen Abend.‹ Doch konnte er nicht einmal raten, wie sich die Worte in seinem Mund formen würden.

Miriam tauchte auf. Alles in Ordnung?

»Bestens. Danke.«

Das Steak ist zäh, dachte er, aber die Soße tat Wunder. Er bestellte noch ein paar Löffel nach.

Dann betrachtete er das Dekor eingehender. Über dem Bartresen, der mit Wellblech ausgelegt war, hing ein Fahrrad mit quadratischen Rädern von der Decke herab. In einem Pub von einer dieser irischen Ketten, einem McGinty's oder so ähnlich, hatte er einmal etwas Ähnliches gesehen. Vielleicht hatten sie die Idee von da. Stacheldraht zwischen den Dachbalken. Überall diese Holzmasken mit ihren hervortretenden Augen und den runden, überraschten Mündern, nur dazu gemacht, ein Blasrohr aufzunehmen, ihren gewölbten Stirnen und den genarbten Wangen. Sie vermittelten ihm das eigenartige Gefühl, beobachtet zu werden, als starrte eine Horde hungriger Stammesleute auf ihn, während er zu essen versuchte, glotzend, als hätten sie nie zuvor einen Weißen gesehen. Die Masken waren nahezu identisch, und doch hatte eine jede zusätzlich zu den rituellen Verschandelungen etwas Individuelles an sich, als wären sie letzten Endes alle miteinander verwandt, Cousins und Großcousins, die Angehörigen einer verschachtelten, unvorstellbar ausgeweiteten Familie.

Vielleicht verhielt es sich mit Ramaramela und Marakabane gar nicht so anders. Ramaramela gelb, Marakabane blau. Warum fiel es ihm so schwer, sie auseinanderzuhalten? Für ihn sahen sie beide wie Gangster aus, wie auf diesen Phantombildern von des Raubs oder der Entführung Verdächtigen. Dieselben austauschbaren Gesichtszüge. Wie sehr der Künstler sich auch bemühte, jedem eine Identität zu verleihen, sorgfältig aus den Hunderten Augen und Nasen und Mündern auswählte, es endete damit, dass sie einander ähnelten. Es waren Gesichter, in denen das Leben nie gewohnt hatte. Sie waren stets völlig symmetrisch und gnadenlos typisch. Auf ihre sehr eigene Weise waren sie makellos.

Ihm fiel der Witz über Michael Jackson ein, den ihm jemand per E-Mail geschickt hatte. Wie popelt Michael Jackson? Per Katalog des Schönheitschirurgen. Er dachte daran, ihn zu erzählen, entschied sich dagegen. Welchen Stand Michael Jackson in dieser Gesellschaft wohl hatte? Ob er eine Witzfigur war? Ein Vorbild? Er wusste es nicht.

Jedenfalls konnte er ihre Unterhaltung nicht unterbrechen, um einen Witz zu erzählen. Sie redeten erregt. Er hatte das

Gefühl, dass er zum ersten Mal an diesem Abend keine Rolle mehr für sie spielte. Seine Gegenwart war belanglos. Der Gedanke war ihm gerade durch den Kopf gegangen, als Bhengu sich über den Tisch beugte, ohne sich zu unterbrechen, und seinen Löffel in die Afritude Sauce steckte. Zuerst dachte Egan, er wolle sich bedienen. Stattdessen rührte er den Inhalt der kleinen Kalebasse um, träufelte mehrere Löffel Soße über Egans Steak, leckte den Löffel ab, hob anerkennend die Augenbrauen und redete weiter.

Egan leerte seinen Becher und dachte über die Geste nach. Was bedeutete sie? War sie ein Zeichen der Anteilnahme, der Gastfreundschaft? Wie ein guter Gastgeber, der seinem Gast nachschenkte. Oder machte man sich über ihn lustig? Wieso sah er das überhaupt als Möglichkeit? Er konnte nicht mehr zwischen Freundlichkeit und Grausamkeit unterscheiden. Jeden Tag ertappte er sich dabei, dass er grübelte, ob die Leute freundlich zu ihm waren oder ihn auf die Schippe nahmen.

Mit einem Mal fühlte er sich erschöpft und betrunken. Poeswyn und Milk Stout, das Drittel Whisky am Nachmittag nicht mitgerechnet. Er hätte die Flasche nie öffnen dürfen, er hätte sie Bhengu schenken sollen. Er schärfte den Blick auf die Männer am Tisch. Welcher war Ramaramela? Sie hatten ihre Sakkos ausgezogen und über die Stuhllehnen gehängt. Ob sie die Plätze getauscht hatten? Sie waren alle mehrmals auf der Toilette gewesen. Ramaramela könnte sich auf Makarabanes Stuhl gesetzt haben. Ramaramela gelb. Makarabane blau. Oder andersherum. Er hatte den Rhythmus der ganzen Angelegenheit verloren. Welcher war das *Karibu*? Die Namen hatten sich von ihren Gesichtern gelöst, von ihrer Kleidung, ihren Farben, und er konnte sie einfach nicht wieder zusammenbringen. Auch ihre Stimmen rutschten weg, wie die Untertitel in einem Film. Marakabane – war er's? – redete weiter, seine Lippen bewegten sich, seine Augenbrauen wackelten, doch schienen seine Worte vor Ramaramelas Mund zu verharren.

Sein Blick wanderte von seinen Begleitern zu den Masken an den Wänden. Es schienen immer mehr zu werden. Multiplikatoren. Er fühlte sich umzingelt. Unheimlich, wie in einem weißen südafrikanischen Albtraum, dachte er. Einem *alten*. Als befänden sie sich in einem Glashaus und feierten, während die hungrigen Horden draußen die Gesichter an die Glaswände drückten.

Margarine. Er musste lediglich einen Blick auf Ramaramelas Hosen werfen. Er stand auf. Als wäre dies das Zeichen gewesen, wurde das Licht schummrig, begann Musik zu plärren und eine Truppe *Gumboot*-Tänzer platzte durch die gepanzerten Küchentüren herein. Der Mann ganz vorn war der Restaurantleiter, der Mann im Bubu, der sie zu ihrem Tisch geleitet hatte.

Auch auf der Herrentoilette waren Masken, hingen über jedem Urinal an den Kacheln. Während Egan pisste, war er genötigt, in ein Gesicht aus Holz zu blicken, das seinen Gesichtsausdruck glasiger Erleichterung exakt widerspiegelte. Neben jeder Maske befand sich ein Schild, das für Kondome oder Telefone mit Freisprecheinrichtung warb. Zwischen den Spiegeln über den Waschbecken hingen weitere Masken, die ihn ungläubig anstarrten, allesamt schrecklich genarbt und verbeult. In diesem Hemd sah er lächerlich aus. Er sah aus wie *Denis* fucking *Beckett*. Seit seiner Kindheit hatte er das Hemd immer in die Hose gesteckt: Jetzt war das plötzlich ein Zeichen dafür, dass er ›verklemmt‹ war. Man erwartete, dass man alles raushängen ließ, angefangen beim Hemd. Scheiß drauf. Scheiß auf *sie*. Er lockerte den Gürtel und stopfte sich das Hemd an der Seite in die Unterhosen, wie er das immer getan hatte. So war es besser.

Als er an den Tisch zurückkam, war der Gumboot-Tanz vorbei, und sie bestellten den Nachtisch. Ohne auch nur auf Ermutigung zu warten, sagte er, dass er den Regenbogenkuchen nehme, mit Eis.

Als Miriam die Rechnung brachte, bestand der fünfte Mann darauf zu bezahlen und ließ eine Kreditkarte auf die Untertasse fallen. Egan protestierte halbherzig, nahm die Einladung an, bestand aber darauf, etwas zum Trinkgeld dazuzugeben.

Während er in seiner Brieftasche das Kleingeld durchwühlte, dachte er an den Witz über *van der Merwe* und dessen Besuch auf dem Empire State Building. Als er von der Aussichtsplattform hinunterschaut, sieht er einen Vierteldollar auf dem Bürgersteig. Also rennt er den ganzen Weg hinunter, um ihn aufzulesen, und stellt fest, dass es sich um einen Kanaldeckel handelt. Er steckte heute Abend wirklich voller Witze. Einen Augenblick lang dachte er tatsächlich daran, diesen zu erzählen. Dann stellte er sich vor, wie Janine mit den Augen rollen würde: Sie sagte immer, es gebe eine bestimmte Art Humor, der nur bei Sanitärtechnikern ankam, und dabei handle es sich nicht zwangsläufig um die Kloakenwitze.

Aus: Exploded View. Johannesburg
Aus dem Englischen von Thomas Brückner.

KEINE ENTWARNUNG

Abdourahman A. Waberi / Dschibuti

Worin der Autor kurz Bericht erstattet über die
Ursprünge unseres Wohlstands und die Gründe dafür, dass die
Euramerikaner auf die Straßen des Exils
getrieben werden.

Da sitzt er, ausgelaugt. Schweigend. Eine flackernde Kerze erleuchtet nur spärlich die Kammer des Zimmermanns im Gastarbeiterheim. Der Euramerikaner aus einer Schweizer Ethnie spricht einen deutschen Dialekt und gibt vor, im Zeitalter von Jet und Web vor Gewalt und Hunger geflohen zu sein. Er hat sich jedoch jene Aura bewahrt, die schon unsere Krankenschwestern und Entwicklungshelfer faszinierte.

Nennen wir ihn Yacouba, erstens, um seine Identität zu schützen, und zweitens, weil er einen Familiennamen hat, bei dem man sich die Zunge aushaken würde. Er wurde in einer verseuchten Favela der Region Zürich geboren, wo Kindersterblichkeit und Aids – eine Geißel, die erstmals vor bald zwei Jahrzehnten in den von Prostitution, Rauschgift und Laster verderbten Milieus Griechenlands auftrat und sich zu einer weltweiten Epidemie entwickelte, wie von der Versammlung der Hohepriester der globalen Wissenschaft in Maskat im wackeren Königreich Oman festgestellt wurde – Rekordwerte erreichen; so jedenfalls lauten die Studien der Weltgesundheitsorganisation WHO, die ihren Sitz bekanntlich in unserer schönen und friedlichen Stadt Banjul hat. Hier sind auch immer wieder die Spitzen der internationalen Diplomatie zu Gast, um über das Schicksal von Millionen Flüchtlingen verschiedenster Ethnien zu entscheiden (Österreicher, Kanadier, Amerikaner, Norweger, Belgier, Bulgaren, Briten, Isländer, Portugiesen, Ungarn, Schweden …), ganz zu schweigen von den halb verhungerten *Boat People* auf dem nördlichen Mittelmeer, die verzweifelt den Mörsern und Granaten zu entkommen versuchen, die ihre dunklen Schatten über die leidgeprüften Landstriche Euramerikas werfen. Einige schaffen es an Land, irren umher, verlieren den Mut, werfen mir nichts, dir nichts die Flinte ins Korn und warten darauf, vom Nichts dahingemäht zu werden. Prostituierte allerlei Geschlechts, monegassische, vatikanische und andere, stranden an den Stränden Djerbas und der kobaltblauen Bucht von Algier. Diese armen Teufel sind auf der verzweifelten Suche nach Brot, Milch, Reis oder Mehl, die von den afghanischen, haitischen, laotischen oder sahelischen Wohltätigkeitsorganisationen verteilt werden. Französische, spanische, flandrische oder luxemburgische Schulkinder, heimgesucht von Kwashiorkor, Lepra, grünem Star oder Kinderlähmung, verdanken ihr Überleben allein den Nahrungsmittelüberschüssen vietnamesischer, nordkoreanischer oder äthiopischer Landwirte, und das seit Anbeginn der Welt. Jene Stämme mit ihren kriegerischen Sitten, ihren barbarischen Gebräuchen und ihrem hinterhältigen, zügellosen Gebaren hören nicht auf, die schon verbrannte Erde der Auvergne, der Toscana oder Flanderns weiter zu brandschatzen, wenn sie nicht gerade das Blut ihrer Erbfeinde, der Teutonen, Gascogner, rückstän-

digen Iberer und der ganzen restlichen Bagage, vergießen, wegen jeder Bagatelle und jeder Lappalie, um jedes Lachen, jedes
Nichts – weil man einen Besiegten als Gefangenen anerkennt
oder eben nicht. Alles wartet auf einen Frieden, der nicht von
dieser Welt ist.

Aber kehren wir zurück zum Verschlag unseres verlausten ger-
manischen oder alemannischen Zimmermanns. Werfen wir
einen verstohlenen Blick in das Dunkel seiner Behausung. Ge-
stampfter Lehm und kümmerliche Sägespäne auf dem Boden,
keine Möbel, keine Geräte. Kein Strom und kein fließend Wasser, versteht sich. Arm wie Hiob in der Asche, hat dieser Erden-
bürger nie den Duft einer Seife gerochen, kann sich den Geschmack eines Joghurts nicht vorstellen und ahnt noch nicht
einmal die Süße eines Obstsalats. Er ist meilenweit entfernt
von unserem alleralltäglichsten sahelischen Komfort. Wer ist
uns wohl ferner: der von malischen und liberianischen Astro-
nauten blank gebohnerte Mond oder aber jene Kreatur? Treten
wir über das, was man die Türschwelle nennen könnte. Flie-
genschwärme behindern uns die Sicht, und ein saurer Geruch
würgt uns plötzlich im Hals. Wir versuchen trotzdem weiterzu-
gehen, schaffen es aber nicht. Fassungslos bleiben wir stehen.

Allmählich gewöhnen sich unsere Augen an das Dunkel.
Wir erkennen nun die Umrisse dessen, was die groben Moti-
ve eines Gemäldes zu sein scheinen. Es ist einer von den alten
Schinken der sogenannten primitiven Kunst, an denen unsere tumben Touristen einen Narren gefressen haben. Zwei ge-
kreuzte Zebuhörner und ein protestantischer Säbel zieren die
gegenüberliegende Wand, Anzeichen für die Frömmigkeit, die
in diesem Gastarbeiterquartier unseres reichen und dynamischen eritreischen Staates herrscht, in dem, nebenbei bemerkt,
Werte wie Solidarität, Gastfreundschaft und Sittlichkeit durch
den gesellschaftlichen Umbruch und die plötzliche Entfesse-
lung eines hemmungslosen Liberalismus in Bedrängnis gera-

ten und der althergebrachte Gemeinschaftssinn von der Afri-
Card verdrängt wird. Das geschichtsträchtige Land Eritrea, seit
Jahrhunderten von einem Geschlecht sittenstrenger Moslems
regiert, die stark von der Unerbittlichkeit der Muriden aus Senegal geprägt sind, gelangte zu seiner Blüte, als sich Business-
denken mit den Werten der parlamentarischen Demokratie ver-
band. Vom Geschäftsviertel in Massawa über die Online-Börse
in der Lumumba Street und dem Spitzen-Hightech-Projekt
Keren Valley bis zum militärisch-industriellen Komplex in As-
sab trägt hier alles zu Erfolg und Wohlstand bei. Das ist es, was
arme Euramerikaner, getrieben von der Fülle der Plagen und
dem Hunger nach Hoffnung, zu Hunderttausenden anlockt.

Unser Zimmermann murmelt in seinen Bart hinein. Was
mag er uns in seiner tief im Rachen gurgelnden Sprache sagen
wollen? Sein Kauderweiß mag Gott allein enträtseln. Dass er
danach lechzt, seinem baumwollumsponnenen Sklavenda-
sein zu entlaufen, verstehen wir nur zu gut, aber das tut jetzt
nichts zur Sache. Schwindelerregende Kapitalströme fließen
zwischen Eritrea und seinen dynamischen Nachbarn, allesamt
Mitglieder der afrikanischen Föderation wie das einstige hami-
tische Königreich Tschad mit seinem Erdölreichtum, das frü-
here Sultanat von Dschibuti, das heute auf dem Erdgasboom
surft und Millionen von Guineen verschiebt, oder der Archipel
von Madagaskar, von dem nicht nur die Eroberung des Welt-
alls, sondern auch der Tourismus für die verwöhnten Kinder
der New Economy ihren Ausgang nahmen. Lichtjahre liegen
zwischen den Golden Boys von Tananarive und der blanken
Not des helvetischen Zimmermanns.

Da stehen wir immer noch. Endlich hören wir ein vertrautes
Geräusch. In einem halsbrecherischen Balanceakt wagen wir
uns einen Schritt in die Dunkelheit vor, dann noch einen. Wir
treten durch die winzige Tür. Hören Brocken unverständlichen
Geschreis und Gewürges in einer uns fremden Sprache. Im Auf-

enthaltsraum der weißhäutigen Hungerleider mit dem dichten Haar und den vereiterten Lungen thront ein vorsintflutlicher Schwarz-Weiß-Fernseher albanischer Fabrikation. Gerade geht eine geistlose Sendung zu Ende, in der ein Professor der *Kenyatta School of European and American Studies* und anerkannter Experte für die Afrikanisierung (das derzeit angesagte Konzept an unseren weltweit tonangebenden Universitäten) die Behauptung aufstellt, die Vereinigten Staaten von Afrika könnten nicht länger das Elend der ganzen Welt aufnehmen. Man möchte sich fast von seiner schmeichelnden Stimme einlullen lassen, doch niemand, und schon gar nicht einer der Immigranten aus dem außerafrikanischen Ausland, lässt sich durch seine geschliffenen Phrasen, Wortgespinste und Schelmensticheleien zum Narren halten. Seine Grundidee lässt sich in einem Satz zusammenfassen: Die föderierten Ordnungskräfte können sich ihrer Verantwortung nicht entziehen und müssen mit der gebotenen Menschlichkeit, aber aller Entschiedenheit, notfalls auch unter Einsatz von Zwangsmitteln, alle ausländischen Staatsangehörigen abschieben: zuerst die Illegalen, dann die Halblegalen, dann die Paralegalen und so weiter und so fort.

Lange vor dem Geplauder des emeritierten Professors Garba Huntingawbe erhoben sich Stimmen aus linksliberalen Kreisen gegen die »irrationale Angst vor den Fremden, den Unerwünschten«, diese weiterhin »größte Bedrohung der afrikanischen Einheit« (www.foreign-policy.afr, Leitartikel vom März diesen Jahres). Unter dem Dach der Weltakademie der Kulturen von Gorée, die nahezu alle aufgeklärten Köpfe des Universums zwischen Rangun und Lomé, Madras und Lusaka beherbergt, rufen uns diese Stimmen in Erinnerung, dass Millionen hungernder Japaner durch ständige Nahrungsmittelüberschüsse aus Zentralafrika am Leben erhalten werden, obwohl sie allein mit den Geldern ausreichend versorgt werden könnten, welche besagte Region in nur drei Tagen für ihre Rüstung ausgibt. Das Gesicht dieses alternativen Netzwerks, das von den Ulemas, Nabobs, Negus, Rais, Mwamis und anderen beschimpft und des Linksextremismus und naiven Idealismus bezichtigt wird, ist keine andere als die Trägerin des Arafat-Friedenspreises, Dounya Daher von der Universität Langston Hughes in Harare. In der offiziellen Begründung der gestrengen Gesellschaft der Wissenschaften Botswanas hieß es, der prestigeträchtige Preis sei der jungen Umweltschützerin nach einstimmigem Urteil »für ihr Engagement gegen die korrupte Diktatur Neuseelands und ihren Einsatz im Kampf gegen Aids, wogegen die Kirchenoberen Ugandas noch immer Enthaltsamkeit predigen, (…) sowie für ihre Kampagne zugunsten eines Herkunftssiegels für Bananen aus Nebraska, das in den Supermärkten von Abidjan für fair gehandelte Bananen aus Nebraska wirbt« verliehen worden. Nicht zuletzt habe Frau Daher »der Weltöffentlichkeit vor Augen geführt, was Dekan Mamadou Diouf von der Universität Gao seinerzeit in einer berühmt gewordenen Streitschrift gegeißelt hatte« (*Die unsichtbaren Grenzen – die Immigration aus Alaska als Herausforderung*, Kigali, University Press of Rwanda/Free Press, 1994, 820 S., 35,00 Guineen). Das Preisgeld von 15,8 Millionen Guineen spendete die Preisträgerin im September diversen Hilfsorganisationen.

Dekan Diouf, Dounya Daher, Ahmed Baba XV., Sophia Marley, Thomas Sankara Jun., die Rapper King Caïn & Queen Sheba, Hakim Bey, Siwela Nkosi und Konsorten standen bei den Großbärten nie hoch im Kurs. Dounya Daher bedauerte das Schweigen der politisch Verantwortlichen des Ersten Kontinents zu grundlegenden Fragen über die Zukunft unseres Planeten. Der Sprecher der Vereinigten Staaten von Afrika, Seine Exzellenz El Hadj Saidou Touré, schlägt da ganz andere Zimbeltöne an. Er erklärte die Stabilisierung des Friedens in Westeuropa zur absoluten Priorität und zeigte sich recht zuversichtlich im Hinblick auf die Unterzeichnung eines Waffenstillstandsabkommens in der Region Midwest und in Québec, wo die französischsprachigen Kriegsherren erneut ihre Absicht bekräftigt haben, gegen die unkontrollierbaren englischsprachigen Milizen in dem Gebiet um Hull, in unmittelbarer Nähe der ehemaligen Hauptstadt Ottawa, zu kämpfen, die inzwischen unter Ausgangssperre und unter dem Schutz von Blauhelmen aus Nigeria, Zypern, Zimbabwe, Malawi und Bangladesch stehen. Der stolze Ureinwohner William Neville Attawag, Angehöriger des Bundesrats, der höchsten politischen Autorität Restkanadas, äußerte sich nur vage zu dem Zeitplan für die Lockerung des Ausnahmezustands. Entschieden widersprach Sir Attawag dem Vorwurf der »Apartheid« von Seiten einer gewissen Presse, die keine Ahnung von den tatsächlichen Lebensbedingungen der Weißen im Kanada seiner Vorfahren habe. Nichtsdestotrotz sehen *Human Rights Watch* und *El Hombre*, gestützt auf ihre langjährige Erfahrung im nordamerikanischen Dauerkonflikt, keinen Anlass zur Entwarnung.

Aus: In den Vereinigten Staaten von Afrika
Aus dem Französicshen von Katja Meintel.

BIOGRAFIEN

José Eduardo Agualusa ist in Angola ebenso zu Hause wie in
Brasilien und Portugal und thematisiert in seinen Romanen immer
wieder auch die Geschichte Angolas. 1960 geboren, verfasst Agualusa auch Theaterstücke, schreibt über Entwicklung und Einflüsse
angolanischer Musik und arbeitet bisweilen mit dem mosambikanischen Schriftsteller Mia Couto zusammen. Im Jahr 2001 war Agualusa Stipendiat des Deutschen Akademischen Austauschdienstes
in Berlin, wo er den Roman „O Ano em que Zumbi Tomou o Rio"
schrieb, der im Gegensatz zu anderen seiner Bücher noch nicht ins
Deutsche übersetzt ist.

Ama Ata Aidoo ist eine so bedeutsame Autorin, dass sie, 1942 in
Ghana geboren, im Mittelpunkt des 2014 produzierten Films „The
Art of Ama Ata Aidoo" von Yaba Badoe steht. Aidoo lehrte unter
anderem in den USA, in Deutschland und in Simbabwe und war Anfang der 1980er-Jahre auch als Erziehungsministerin tätig. Neben Romanen schreibt Aidoo Gedichte und Theaterstücke und ist auch als
Herausgeberin aktiv. Im Mittelpunkt ihres Schreibens stehen oftmals
Frauenfiguren, und oft geht es um die Kluft zwischen afrikanischen
und europäischen Wertvorstellungen.

Nathacha Appanah beschreibt in ihren Romanen das Leben auf
Mauritius, wo sie 1973 zur Welt kam. Meist geht es um den All-
tag der indischstämmigen Bevölkerung auf der Insel im Indischen
Ozean. In ihrem Buch „Der letzte Bruder" thematisiert sie die
Ankunft jüdischer Flüchtlinge auf Mauritius, die vor der Invasion
der Nationalsozialisten in die Tschechoslowakei geflohen sind und
nun auf Mauritius interniert werden. Appanah, die zunächst auch als
Journalistin arbeitete, lebt mittlerweile in Frankreich.

Lesley Nneka Arimah, 1983 in London geboren und dort sowie in
Nigeria aufgewachsen, ist als Autorin von Kurzgeschichten bekannt
geworden, die zunächst in diversen angesehenen Literaturzeitschrif-

ten und schließlich gesammelt im Kurzgeschichtenband „Was es bedeutet, wenn ein Mann aus dem Himmel fällt" erschienen. Darin geht es Arimah um Situationen im Leben von Frauen in den USA und Nigeria und irgendwo dazwischen, in ihrem Stil vermischen sich Realismus und Irrealismus. Momentan lebt Arimah in den USA und arbeitet an einem Roman.

Sefi Atta ist eine Autorin, deren Romane, Erzählungen, Theaterstücke und Drehbücher von Musikalität geprägt sind. Die 1964 in Nigeria geborene Schriftstellerin lebt seit 1994 in den USA und lehrt dort Kreatives Schreiben. In ihren Büchern gibt Atta den Frauen Nigerias eine Stimme und schildert deren Alltag im Spannungsfeld zwischen Rollenerwartungen und dem Wunsch nach Selbstständigkeit. Attas Prosawerk liegt vollständig in deutschsprachiger Übersetzung vor.

Mariama Bâ hat mit ihrem Roman „Ein so langer Brief" einen Klassiker nicht nur der französischsprachigen afrikanischen Literatur geschrieben, sondern vor allem auch vielen afrikanischen Frauen eine Stimme gegeben. Da ihr Roman in Briefform verfasst ist, hat Bâ zudem das Genre des Briefromans erweitert und erneuert und damit ein Werk geschaffen, das bis heute weltweit ein literarisches Vorbild ist. Die 1929 in Senegal geborene Autorin starb 1981 in ihrer Heimat.

Paulina Chiziane, geboren 1955 in Mosambik, wo sie auch heute noch lebt, kämpfte seit ihrer Jugend aufseiten der Befreiungsbewegung Frelimo (Frente de Libertação de Moçambique) für die Unabhängigkeit Mosambiks von der portugiesischen Kolonialmacht. Das prägt auch ihre Romane, in denen sie darüber hinaus gegen die Polygamie in ihrer Heimat Stellung bezieht. Chiziane schrieb mit „Wind der Apokalypse" den ersten Roman einer mosambikanischen Autorin.

Mia Couto aus Mosambik, 1955 geboren, verwebt in seinen Romanen Realität und Legenden, Geschichte und Märchen. Im Werk des schwedischen Autors Henning Mankell, der lange in Maputo lebte, lässt sich der Einfluss von Coutos Werk finden, der auch mit José Eduardo Agualusa aus Angola eng zusammenarbeitet – vor allem, was Theaterstücke betrifft. Darüber hinaus schreibt Couto Erzählungen sowie Kolumnen, ein Großteil seines Prosawerks liegt auf Deutsch vor. Er lebt in Mosambik.

Gilbert Gatore hat mit dem Roman „Das lärmende Schweigen" einen der provokantesten Romane über den Völkermord in Ruanda im Jahr 1994 geschrieben. Der 1981 in Ruanda geborene Autor kam mit seiner Familie auf der Flucht über Kongo-Kinshasa im Jahr 1997 nach Frankreich, wo ihm aus politischen Gründen die französische Staatsbürgerschaft verweigert wurde. „Das lärmende Schweigen" soll Auftakt der Romanserie „Variationen über die Unmöglichkeit zu leben" sein. Gatore lebt heute in Paris.

Bessie Head, wenngleich 1937 in Südafrika geboren, gilt als die bekannteste Autorin Botswanas, wo die Schriftstellerin seit 1964 lebte. Heads erste Erzählung erschien, als sie gerade einmal 14 Jahre alt war. Sie zählt zu der Autorengruppe um die berühmte Kulturzeitschrift *Drum* aus Johannesburg, lebte lange auch in Kapstadt in dem kulturellen Schmelztiegel des District Six und schrieb für die einflussreiche Zeitung *Golden City Post*. Anerkennung als Autorin fand Head indes erst wenige Jahre vor ihrem Tod 1986. Ihr Werk liegt weitgehend in deutschsprachiger Übersetzung vor.

Alain Mabanckou ist der augenblicklich einflussreichste Schriftsteller aus Afrika. 1966 in Kongo-Brazzaville geboren, arbeitete er lange in Paris und begann dort Gedichte, Kurzgeschichten und Romane zu veröffentlichen. Ein Stipendium führte ihn in die USA, wo er seit 2002 überwiegend lebt und in Kalifornien als Professor französischsprachige Literatur unterrichtet. Neben unterhaltsam geschriebenen Romanen, die nahezu allesamt auf Deutsch vorliegen, veröffentlicht Mabanckou Essays zur Geschichte und Entwicklung der afrikanischen Unabhängigkeits- und Bürgerrechtsbewegungen auch in den USA. Er ist Mitunterzeichner des Manifestets „Pour une litterature-monde en francais".

Jamal Mahjoub schreibt nicht nur Romane, in denen er die Geschichte Sudans aufgreift, sondern er verfasst seit dem Jahr 2012 unter dem Pseudonym Parker Bilal auch Kriminalromane. Der 1966 in London geborene Autor mischt in seine Belletristik arabische Erzählweisen und schafft in seinen Romanen, die nur sehr ausgewählt auf Deutsch vorliegen, so eine sehr visuelle, sinnliche Atmosphäre. Er lebt heute in Barcelona.

Maaza Mengiste kam 1974 in Äthiopien zur Welt, wuchs nach der Flucht ihrer Eltern vor der Diktatur im Land aber in Nigeria, Kenia und den USA auf, wo sie seither lebt und Kreatives Schreiben lehrt. Ihre Essays erscheinen in renommierten US-Zeitschriften, im Jahr 2019 erschien ihr zweiter Roman. Mengiste engagiert sich für Menschenrechte und arbeitet auch an Filmprojekten mit.

Patrice Nganang verbrachte viele Jahre seines Lebens – während seines Studiums und als Mitorganisator des Film- und Kulturfestivals Africa alive! – in Deutschland. Seine Romane liegen auf Deutsch vor, und in seinen wissenschaftlichen Aufsätzen analysiert Nganang deutsche Kolonialfilme. Seit dem Jahr 2000 lebt der 1970 in Kamerun geborene Autor in den USA, wo er als Professor französischsprachige Literatur lehrt.

Ngũgĩ wa Thiong'o ist einer der maßgeblichen Vordenker der intellektuellen Befreiung Afrikas. 1938 in Kenia geboren, entstanden seine ersten Erzählungen, Theaterstücke und Romane unter dem Eindruck des Unabhängigkeitskampfes gegen die britische Kolonialmacht. Bekannt wurde Ngũgĩ auch durch sein Postulat an afrikanische Autor*innen, in afrikanischen Sprachen zu schreiben. Ngũgĩs Romane liegen vollständig in deutschsprachigen Übersetzungen vor, auch seine Essaybände erschienen auf Deutsch. Ngũgĩ ist Ehrendoktor der Universität Bayreuth und wurde 2019 mit dem Erich-Maria-Remarque-Friedenspreis der Stadt Osnabrück ausgezeichnet.

Yewande Omotoso lebt seit 1992 in Südafrika, wurde 1980 auf Barbados geboren und wuchs in Nigeria auf. Omotoso ist nicht nur Schriftstellerin, sondern auch Architektin und Designerin. Sie hat bisher zwei Romane veröffentlicht, und Gedichte und Erzählungen von ihr erscheinen in Literaturzeitschriften und Anthologien. In ihrer Literatur geht es um multikulturelle Identitäten und den Alltag von Frauen. Sie lebt in Johannesburg.

Yvonne A. Owuor arbeitete zunächst als Drehbuchautorin fürs Fernsehen und leitete von 2003 bis 2005 das Internationale Filmfestival Sansibar. Owuor, 1968 in Kenia geboren, verfasste Kurzgeschichten, die in Zeitschriften erschienen – nach einer ihrer Erzählungen wurde überdies ein Kurzfilm gedreht. Owuor veröffentlichte bisher zwei Romane, in denen auch der fernöstliche Einfluss auf die Küstenlandschaft Kenias zu spüren ist. 2018/2019 war sie Fellow am Wissenschaftskolleg in Berlin, wo sie an ihrem dritten Roman arbeitete. Sie lebt in Nairobi.

Nii Ayikwei Parkes kam 1974 in London zur Welt und wuchs in Ghana auf. Er ist vor allem Poet, schreibt aber auch Kurzgeschichten, die in Literaturzeitschriften erscheinen. Er gibt Literaturworkshops – so unter anderem im Jahr 2014 in Tübingen –, ist Herausgeber und leitet seit dem Jahr 2017 das Ama Ata Aidoo Centre for Creative Writing in Accra, Ghana.

Koleka Putuma veröffentlicht Gedichte und inszenierte am Magnet Theatre in Kapstadt mit „SCOOP: kitchen play for carers and babes" das erste südafrikanische Theaterstück für Babys, Mütter und Väter. In ihren Gedichten lotet Putuma Sexualität nicht nur als sinnliches Phänomen aus, sondern auch im Zusammenhang von Machtgefällen. 1993 in Südafrika geboren, spricht Putuma in ihren Poetry Performances auch Tabus wie Transgender-Identitäten an.

Ivan Vladislavić lässt mit seiner Literatur gedankliche Architekturen entstehen und verknüpft Text und Bild zu soziologischen Gemälden. 1957 in Südafrika geboren, arbeitete Vladislavić lange als Lektor. Er ist auch Fotograf, Herausgeber und unterrichtet als Professor Kreatives Schreiben. Seine Romane liegen weitgehend in deutscher Sprache vor. Als Stipendiat der Akademie Schloss Solitude lebte er 1998 in Stuttgart und als Gewinner des „sylt quelle cultural award Southern Africa" 2008 in Rantum auf Sylt.

Abdourahman A. Waberi gilt als Nationalschriftsteller Dschibutis. 1965 in der ostafrikanischen Republik geboren, lebte Waberi ab 1985 in Frankreich, unterrichtete als Gastprofessor aber auch in den USA und im Jahr 2012 in Innsbruck, Österreich. 2006 war Waberi als DAAD-Stipendiat in Berlin. Er schreibt Kurzgeschichten, Romane und Essays, ist Literaturkritiker, Verlagsberater und Mitarbeiter der Zeitung *Le Monde diplomatique*. Einige seiner Romane liegen auf Deutsch vor.

QUELLENHINWEISE

AGUALUSA, JOSÉ EDUARDO: *Eine allgemeine Theorie des Vergessens*. Aus dem Portugiesischen von Michael Kegler. © C.H.Beck, München 2017.
(Original: *Teoria Geral do Esquecimento*. Dom Quixote, Lissabon 2012)

AIDOO, AMA ATA: *Die Zweitfrau*. Aus dem Englischen von Anita Jörges-Djafari. © Lamuv, Göttingen 1999.
(Original: *Changes*. The Feminist Press, New York 1993)

APPANAH, NATHACHA: *Blue Bay Palace*. Aus dem Französischen von Yla M. von Dach. © Lenos Verlag, Basel 2013.
(Original: *Blue Bay* Palace. Gallimard, Paris 2006)

ARIMAH, LESLEY NNEKA: *Was es bedeutet, wenn ein Mann aus dem Himmel fällt*. Aus dem Englischen von Zoë Beck. © CulturBooks, Hamburg 2019.
(Original: *What it means when a man falls from the sky*. Headline, London 2017)

ATTA, SEFI: *Die amerikanische Freundin*. Aus dem Englischen von Simone Jakob. © Peter Hammer Verlag, Wuppertal 2018.
(Original: *The Bead Collector*. Interlink Books, Northampton 2018)

BÂ, MARIAMA: *Ein so langer Brief*. Aus dem Französischen von Irmgard Rathke © Ullstein Tb, Frankfurt am Main/Berlin 1996.
(Original: *Une si longue lettre*, Nouvelles éditions africaines, Abidjan 1979)

CHIZIANE, PAULINA: *Wind der Apokalypse*. Aus dem Portugiesischen von Elisa Fuchs. © Brandes & Apsel, Frankfurt am Main 1997.
(Original: *Ventos de Apocalipse*. Selbstverlag, Maputo 1993)

COUTO, MIA: *Jesusalem*. Aus dem Portugiesischen von Karin von Schweder-Schreiner. © Verlag Das Wunderhorn, Heidelberg 2014.
(Original: *Jesusalém*. Caminho, Lissabon 2009)

GATORE, GILBERT: *Das lärmende Schweigen*. Aus dem Französischen von Katja Meintel. © Horlemann Verlag, Mark Landin 2014.
(Original: *Le Passé devant soi*. éditions Phébus, Paris 2008)

HEAD, BESSIE: *Orangen und Zitronen*. Aus dem Englischen von Hilde Schruff. © Lamuv, Göttingen 1999.
(Original: *Tales of Tenderness and Power*. Erschienen in Zeitschriten.)

MABANCKOU, ALAIN: *Petit Piment*. Aus dem Französischen von Holger Fock und Sabine Müller. © liebeskind, München 2019.
(Original: *Petit Piment*. Seuil, Paris 2015)

MAHJOUB, JAMAL: *Die Stunde der Zeichen*. Aus dem Englischen von Thomas Brückner. © Edition Büchergilde, Frankfurt am Main 2008.
(Original: *In the Hour of Signs*. Heinemann, Oxford 1996)

MENGISTE, MAAZA: *Unter den Augen des Löwen*. Aus dem Englischen von Andreas Jandl. © Verlag Das Wunderhorn, Heidelberg 2013.
(Original: *Beneath the Lion's Gaze*. Norton, New York 2010)

NGANANG, PATRICE: *Zeit der Pflaumen*. Aus dem Französischen von Gudrun und Otto Honke. © Peter Hammer Verlag, Wuppertal 2013.
(Original: *La saison des prunes*. Editions Philippe Rey, Paris 2013)

OMOTOSO, YEWANDE: *Die Frau nebenan*. Aus dem Englischen von Susanne Hornfeck. © List, Berlin 2016.
(Original: *The Woman Next Door*. Chatto and Windus, London 2016)

OWUOR, YVONNE ADHIAMBO: *Der Ort, an dem die Reise endet.*
Aus dem Englischen von Simone Jakob. © DuMont Buchverlag,
Köln 2016.
(Original: *Dust.* Alfred A. Knopf, New York 2014)

PARKES, NII AYIKWEI: *Die Spur des Bienenfressers.* Aus dem Englischen von Uta Goridis. © Unionsverlag, Zürich 2012.
(Original: *Tail of the Blue Bird.* Jonathan Cape, London 2009)

PUTUMA, KOLEKA: *Kollektive Amnesie.* Aus dem Englischen von
Paul-Henri Campbell (zweisprachig). © Verlag Das Wunder-
horn, Heidelberg 2020.
(Original: *Collective Amnesia.* uHlanga Press, South Africa 2017)

THIONG'O, NGŨGĨ WA: *Herr der Krähen.* Aus dem Englischen
von Thomas Brückner. © A1 Verlag, München 2011.
(Original: *Wizard of the Crow.* Pantheon Books/Random House,
New York 2006)

VLADISLAVIĈ, IVAN: *Exploded View. Johannesburg.* Aus dem Englischen von Thomas Brückner. © Osburg Verlag, Hamburg 2016.
(Original: *The Exploded View.* Random House, Kapstadt 2004)

WABERI, ABDOURAHMAN A.: *In den Vereinigten Staaten von
Afrika.* Aus dem Französischen von Katja Meintel. © Edition
Nautilus, Hamburg 2008.
(Original: *Aux États-Unis d'Afrique.* Jean-Claude Lattès, 2006)

Die Herausgeber

Anita Djafari, geboren 1953, studierte Germanistik und Anglistik in Frankfurt, ist gelernte Buchhändlerin und arbeitete viele Jahre als Übersetzerin, Lektorin und Literaturvermittlerin. Seit 2009 ist sie Geschäftsleiterin bei Litprom e.V.

Manfred Loimeier, geboren 1960, beschäftigt sich seit 30 Jahren beruflich mit Literaturen aus Afrika und der Diaspora. Er ist als Rezensent, Moderator, Herausgeber, Übersetzer und Autor tätig. An der Universität Heidelberg lehrt er als Professor Afrikanische Literaturen Englischer Sprache und veröffentlichte zuletzt die Monografie „Ngũgĩ wa Thiong'o" (München 2018).

© Peter Hammer Verlag GmbH, Wuppertal 2020
Umschlagillustration: Anja Mikolajetz
Umschlagtypografie: Magdalene Krumbeck
Satz: Graphium Press, Wuppertal
Druck: CPI books, Leck
ISBN 978-3-7795-0628-7
www.peter-hammer-verlag.de